Atrevida

Y

Fuerte

por

YAZZY GIRALDO

A TODAS LAS MUJERES...

Introducción

Atrevida y fuerte es un libro dedicado a todas las mujeres, mi intención es motivar para reconectarnos las unas a las otras. Mis historias y mis palabras están aquí para recordarles cuan especiales, capaces e importantes son. Atrévanse a buscar un futuro estable y mejor, sean Fuertes para enfrentarse a los diferentes capítulos de la vida.

Este libro es un pequeño ejemplo de cómo muchas clases de mujeres se convierten en una sola mientras aprendemos desde diferentes y al mismo tiempo repetitivas situaciones. No importa de dónde eres o cuál es tu clase social, la vida sigue mostrándonos los mismos escenarios, uno de mis mejores consejos aquí en esta introducción es:

El cuidado propio te sacará de los lugares más difíciles y te pondrá en donde perteneces.

Yazzy Giraldo nació en Argelia Valle del Cauca en Colombia, y a los cinco y seis años se enamoró de la danza. Al cumplir los 14 se mudó a Cali y entonces comenzó su formación académica como bailarina. Estudio en SENFOL, Escuela de Salsa y folclor colombiano, en Estilo y Sabor, en la escuela MARIA SANFORD, donde exploró la danza contemporánea, la danza del vientre, el ballet, el hip hop, la samba, el jazz y el africano.

Cuando tenía 19 años ya era una profesional, pero decidió seguir estudiando, esta vez en Broadway Dance Center de New York después de haber sido invitada al ESPN Salsa Congreso en Orlando, Florida en el 2007. También estudió salsa en The House of Dance en New Jersey en el año 2008, y de allí pasó a vivir a Miami, Florida y comenzó a trabajar como bailarina en la televisión local, en programas como Descontrol Telemundo, Noche de perros

Telefutura y El Vacilón de la Mega TV. También fue modelo y bailarina para varios artistas, hasta que abrió su propio studio Sexy Sassy Strong en el año 2014 con la ayuda incondicional de su esposo. En 2017 escribió su primer libro en inglés y en español, Sassy and Strong, Atrevida y fuerte.

Índice

¿Por qué escribo este libro?

Escribo este libro como una forma de conectarme con cada una de ustedes.

Porque tú eres yo, y yo soy tú.

Porque las diferencias son para este mundo, y al mundo venimos, pero del mundo no somos.

Para invitarte a que te unas un poco más a ti, a ella, a ellas y a todas.

Porque sé que tal vez no todo fue fácil para ti.

Puedes estar segura de que para mí tampoco lo fue.

Pero de alguna manera hoy las dos estamos a salvo, porque estamos vivas y debemos amarnos.

Porque debemos encontrar adentro lo que se busca afuera.

Lo escribo para enseñarte cómo tener un cuerpo sano, una mente abierta y un corazón más lleno.

La mujer que poco a poco se convierte en hombre, complace la sociedad, pero no a ella misma.

Escribo este libro para que juntas cuidemos de nuestras mentes y cuerpos.

El secreto no es cuidarnos como nadie, sino que nadie pueda cuidarnos como nosotras.

La fuerza de las heridas

Muchas mujeres cubren las heridas del pasado con una capa de maquillaje.

Para otras es más difícil, en cada acción que realizan dejan entrever la huella de su dolor.

Otras asimilaron esas heridas, convirtiendo sus peores experiencias en sus mejores armas.

Las heridas que no me mataron me hicieron más fuerte.

Y al vencerlas se pusieron a mi disposición.

Las vencedoras tienen derecho a tomar todo de los vencidos.

Una mujer que sobrepasa sus heridas tiene derecho a servirse de ellas como experiencia.

Como arma de persuasión, y si es necesario, de intimidación.

El éxito vuelve humildes a las mujeres, pero cuidado con molestar a una vencedora.

Porque las armas que les proporcionaron sus heridas están a su disposición eternamente.

Mis palabras y mis ropas pueden servirle a cualquiera, solo que a cada cual les quedará diferente.

Cerca de la Biblia y lejos de Dios

Nací en Argelia Valle del Cauca, un pueblo donde crece el café y se come arepa cada mañana.

Mi madre tenía quince años y mi padre treinta y cinco.

Como imaginarás, ya el principio estaba revolcado.

No supe llegar sola a este mundo.

El destino me preparaba algo difícil y era importante llegar con mi hermana melliza.

Muy parecida a mí, pero no igual.

Mi compañera de vida, mi mejor amiga.

Dos años más tarde mi hermano fue la luz, el amor más limpio que conocí en ese entonces.

Noble, tierno y con mucho amor para darnos a las cuatro mujeres de la casa.

Y dos años después mi hermana menor, fuerte, independiente y con mucha inteligencia.

Recuerdo la noche que comprendí lo que mi padre llevaba haciéndome por un buen rato.

Yo era tan solo una niña, aproximadamente cuatro años.

Se levantaba algunas noches y entraba a nuestro cuarto cuando dormía mamá.

Él leía la Biblia muy continuamente, pero parece que no la entendía.

Hay hombres que están cerca de la Biblia y lejos de Dios.

Así pasaron siete años, en los que su presencia disimulaba un acoso.

Nos molestaba disimuladamente.

A los once años mi hermana y yo decidimos contarle a mi madre.

Ella, sorprendida con nuestra historia, nos reunió una noche.

Mamá, papá, mi hermana, la noche y yo.

Papá negó su pecado con la misma calma con la que entraba al cuarto.

Esa noche terminó en golpes y gritos.

Mamá y Papá no se separaron, fue nuestro corazón el que se separó de ellos.

Soñábamos con ser felices, libres y seguras.

Encontrábamos todo esto en el Arte y las actividades físicas.

Éramos creadoras e intérpretes.

Bailábamos, actuábamos, cantábamos, pintábamos.

Corríamos de arriba abajo, saltábamos entre los árboles, los prados y las cañadas.

Lejos de la perfección, pero en el centro de nuestra felicidad.

Pasó el tiempo, y la realidad parecía obligarnos a renunciar a nuestros sueños.

Pero nosotras nos aferrábamos con más fuerza.

Era preferible que nuestros sueños fueran más reales que nuestra realidad.

A los catorce años nos mudamos a Cali Valle, la ciudad de la salsa, la eterna primavera.

Empezábamos de cero una mejor etapa.

Mis padres más tranquilos, pero menos enamorados, y mi madre al parecer asentando cabeza.

En medio de una pelea y sin saber por qué, salieron furiosas de mi boca estas palabras:

Mamá, ¿por qué nunca nos creíste? ¿Por qué nunca nos defendiste?

Mi madre, con cara de asombro y destrozada, se puso de rodillas rogando perdón.

En medio de lágrimas solo decía:

Nunca pensé que fuera verdad.

Mamá, ¿¡cómo una niña tan pequeña podría inventarse tanto horror!?

El odio de ella hacia mi padre ya no se podía disimular.

Ahora siendo mis hermanos los menores, papá quería descargar su rabia sobre ellos.

Yo me interponía para recibir los golpes, la verdad no me dolía ni un poquito.

Estaba blindada de ira por tanta injusticia durante tantos años.

Poco tiempo después vino la separación.

Mi padre, con despecho, gritaba que podíamos irnos a dormir bajo un puente.

Ellos tenían unos negocios de venta de pollo y papas.

Vendían comida rápida en algunas esquinas de la ciudad.

Nosotras le rogábamos que dividiera todo con mamá para podernos ir.

Hasta que un día sucedió y él mismo nos ayudó a empacar.

Igual nunca dividió nada con mamá, pero así mismo nos fuimos.

Mi padre, mi testarudo padre, al que mucho amé y poco quise, quedaba solo con todo, y sin nada.

Quedaba ahí, como consecuencia de sus actos y de su dura cabeza.

Yo había visto muchas veces a mi padre en la calle dando de comer a los necesitados.

Tenía, muy en el fondo, un gran corazón.

Era bromista y buen amigo para muchos, su nombre era reconocido en el pueblo.

Su fama era la de un gran hombre.

No sé qué podría haber pasado con él para que se comportara como lo hizo.

Una noche cuando mamá estaba muy molesta con nosotras vi compasión en los ojos de mi padre.

Mamá nos tenía a las dos paradas en la puerta de salida de la casa.

Amenazaba con echarnos.

Éramos muy pequeñas y, mientras ella nos gritaba, teníamos mucho miedo e ira.

Solo me preguntaba a dónde podíamos ir tan tarde y con tanto frío.

¿Qué pudo llevarlos a actuar así?

Investigué, pregunté entre la familia, buscando una explicación.

Y supe que mi abuela, la madre de mi papá, murió cuando él tenía seis años.

Al parecer de una gran golpiza que mi abuelo le procuró.

Y mi abuelo murió de cáncer cuando mi padre tenía catorce años.

También me enteré de que mi madre nunca tuvo una madre afectiva.

Cerca en distancia, pero lejos en amor, y que la nana o su tía cuidaban de ella y de sus hermanos.

Pero nunca olvidaré el gran padre que tuvo mi madre, mi abuelo Rogelio.

Un hombre bueno, noble y muchas veces sabio.

Es todo lo que averigüé, pero me pareció suficiente.

Cuando de pequeña se debe ser grande

Podíamos ver cómo mis padres se odiaban un día y se amaban otro.

Hubiese preferido no ser testigo de ese amor aquellas noches, ya que se robaron mi inocencia.

Mi vida era una montaña rusa:

Poca tranquilidad, mucho miedo, según el estado de mis padres.

La poca cultura, las edades y la falta de estabilidad económica no ayudaban a la causa.

Andábamos arrastrados entre sus corazones rotos, con la esperanza de mejorar algún día.

El desespero los hacía explotar en contra de sus hijos a punta de correas, zapatos, palos...

Muchas veces no había razón para el castigo, solo pasaban su rabia y frustración sobre nosotros.

Una vez me castigaron por presenciar cómo mis dos hermanos quebraban una losa.

En verdad sus realidades estaban fuera de foco.

Mi madre quería que aprendiéramos a lavar y a limpiar de muy chicas.

Mi hermana y yo debíamos lavar toda la de ropa sucia de la casa.

Pantalones pesados de mi padre, medias empercudidas, sábanas que se inflaban con el agua.

Nuestras manitos endebles no podían con tanto.

Pero sabíamos que si incumplíamos nos iban a estampillar las cabezas contra el lavadero.

No juzgo el hecho de que quisieran enseñarnos a ser limpias desde pequeñas.

Pero no estoy de acuerdo con la violencia que utilizaban al respecto.

Me gané muchos golpes por ponerle un poco más de pasta
a mi cepillo de dientes.

La pasta estaba muy cara y no alcanzaba para los demás,
me imagino.

También por quemar el arroz o los frijoles cuando me
descuidaba jugando.

Era pequeña, pero sabía que no todo coordinaba como las
coreografías que yo danzaba.

Los tablazos no me dejaron aprender las tablas de
multiplicar.

Mi silla era muy alta, y cuando me equivocaba no sabía si
era más fuerte el bofetón o la caída.

Una equivocación, y mi frente era proyectada con violencia
contra la mesa.

Dicen que las escuelas tienen que ser como lo remedios:
amargas, de lo contrario no sirven.

Yo digo que los recuerdos deben ser como los sueños:
dulces, de lo contrario son pesadillas.

Fue en calma, a escondidas y en soledad, como me entraron
los números en la cabeza.

Mi madre no estaba lista para lidiar con nosotros cuatro al
mismo tiempo.

Recordemos que a los diecinueve años ya había parido tres
veces, y tenía cuatro hijos.

Ella aprendió con nosotros a ser madre y nosotros
aprendimos con ella el duro oficio de ser hijos.

Sus palabras solían ser fuertes e irónicas, sus carcajadas
eran burlas hacia mi hermana y yo.

Debo admitir que nos enseñó muchas otras cosas, la
fortaleza de hecho viene de ella.

Nuestro sueño era llegar tan alto como las bellas cantantes
y bailarinas que se veían en la TV.

Como mi madre no creía en sí misma, tampoco podía creer en nosotras.

Mi madre era víctima de los comentarios de Papá, que le rompían la autoestima constantemente.

Ella nos devolvía lo que recibía de él.

Pero los regalos que una no abre siguen perteneciendo al que los ofrece.

Una tarde nos dijo que, si llegábamos a las chicas de la TV, sería para limpiar sus pies.

Gracias a la Vida, porque ahora entiendo por lo que no fui entendida.

Ahora hago lo posible por escuchar por lo que no fui escuchada.

Si ahora valoro es porque no fui valorada.

Si ahora amo, es porque no fui completamente amada.

Ahora aprecio todo lo que soy y me rodea, todo aquello por lo que no fui apreciada.

¡Qué gran enseñanza me dio la vida!

De pequeña recordaba cuán difícil podría ser ir a la escuela.

Mis medias sin resorte y descoloridas no se sujetaban de mis pequeñas y delgadas piernas.

Mi desayuno era un huevo con arepa a las siete de la mañana.

En el recreo podía ver que unas niñas no tenían mucho que comer.

Otras venían con sus loncheras llenas, sus peinados impecables y sus trajes planchados.

Constaté que aparte del dinero, y una base moral, también me faltaba el cuidado personal.

Y odié a mi madre.

Llorábamos en las duchas matutinas, ella nos azotaba con un palo para que calláramos.

Y así fuimos creciendo.

Cuando mis padres tenían que viajar, algunas veces nuestro tío paterno nos cuidaba.

Una tarde él me arrastró al cuarto por una mano, por la otra mi hermana no dejándome llevar.

Su fuerza pudo más y mi hermana se dio por vencida.

Le comenté lo sucedido a mis padres la noche siguiente.

Ve a dormir, solo fueron sus palabras.

Mi tío nunca más volvió a la casa.

Qué bien, pensé.

Pero ¿y yo?

¿Quién me preguntará cómo me siento después de haber sido molestada? Apenas tenía yo seis años.

Mujer contra sociedad

En Colombia, como es conocido, Pablo Escobar dejó una huella de ignorancia y desesperanza.

Pocas eran las familias educadas, con pensamientos de prosperidad y bienestar para sus hijos.

Se creía que si eras hombre la mejor forma de ganar dinero era entrar al mundo del narcotráfico.

O trabajar muy duro toda la vida para obtener por lo menos tranquilidad.

Si eras mujer tenías varias opciones.

Te casabas con un hombre de mejor posición, no importaba de dónde venía su dinero.

Te casabas con un hombre del común, para que el machismo y el engaño reinaran en tu vida.

Te casabas con un gringo y de una vez solucionabas el problema económico a tus allegados.

Te hacías la amante de un buen partido, sin importar a quién afectabas.

Tus prioridades y tu ego estaban primero.

O, la más difícil de aceptar, te convertías en una puta.

Veíamos cómo la sociedad permitía que las jóvenes se entrenaran para el oficio de prostitutas.

Las chicas eran víctimas de la ignorancia, las pocas y malas opciones.

Y por ello pagarían un alto precio.

Como ejemplo estaban aquellas familias prudentes, que poco hacían, pero mucho me enseñaban.

Igual todas teníamos que pasar por la universidad de la vida.

Nuestro escape fue la danza y el arte.

Nuestra esperanza, los profesores, entrenadores y educadores que supieron aconsejarnos.

Ellos nos ofrecieron lo que nuestros corazones estaban listos para recibir.

Lo que nuestros padres no pudieron, o no supieron darnos.

Alguien contó a mi madre que muchas chicas del pueblo se estaban yendo.

Yéndose a China o España para prostituirse.

Años después me sentó frente a ella y dijo: "Dice la prima que en China podría irte fenomenal".

No sé por qué me lo dijo, espero no haya sido una insinuación.

Espero tampoco haya pasado por su cabeza.

De mi boca no salió nada, en mi corazón se revolvió todo.

Y es que, a esa edad, las cosas que no puedes hablar, solo las puedes pensar.

Tenía dieciséis años, y habría sido muy infeliz si hubiese seguido sus consejos.

Las buenas y malas relaciones

A medida que pasa el tiempo aprendemos más de nuestras relaciones, sean amorosas o no.

Muchas veces las relaciones en las que nos envolvemos son un ejemplo claro de nuestro pasado.

De las relaciones amorosas puedo decir que hay buenas, malas y regulares.

Las malas son aquellas donde probablemente te rompieron el corazón o la cara.

Muchas mujeres hemos pasado por todo eso con varios o un solo hombre.

Como si hubiéramos hecho un posgrado en la Universidad del Desamor con los mejores.

O con un maestro severo e intenso con el que hubiéramos vivido todas las relaciones.

Dejando huellas tan profundas que solo el tiempo puede sanar.

Un profesor que te lleva a la luna por pocos segundos, pero que te arrastra por el suelo después.

Palabras que te hieren el corazón, rompiéndote la personalidad consciente o inconscientemente.

Un hombre que dice quererte, pero no te trata como tal.

Que quiere una relación contigo, pero delante de nadie más.

El que está casado y aunque separado no se separará.

El que te dice que eres la más bella, pero a las otras siempre mirará.

El que te guarda secretos porque tal vez algo esconderá.

El que te coge con ganas, pero con ganas te dejará.

Escuchamos, vivimos o presenciamos tantos tipos de relaciones.

Asegúrate tú, no vayas a ser como alguno de ellos.

Después de un tiempo y al ver que estas escenas se repetían con muchas mujeres, observé.

Y fue allí donde me di cuenta cuál era el problema.

¿Qué te parece si me atrevo a decirte que el problema no es él?

El problema eres tú

Pensarás ¿cómo puede ser esto posible?

¡Si todo lo que hago es darle amor y siempre doy lo mejor de mí!

Y ese es exactamente el problema.

Al darle a otra persona todo de ti, dejas de valorarte y cuidar lo más importante: Tú.

Al entregar sin recibir él te verá vulnerable, y tú podrías ser la única afectada.

Las mujeres pensamos equivocadamente que el hombre propone y la mujer dispone.

Una mujer debe darse su valor y su lugar, sin permitir que la manipulen.

Se da con cautela, toma tiempo conocer a las personas, y más cuando entras en una relación.

Así el hombre le concederá el lugar y el respeto que ella merece.

Sin pedir ni rogar.

Mis recomendaciones serían que entiendas que tú eres todo lo que necesitas para ser feliz.

No hay felicidad que otro te pueda brindar si primero no viene de ti.

Y para ser feliz tienes que amar tu cuerpo, personalidad, físico, orígenes, cultura, estilo.

Y también pensamientos, mentalidad, talentos, costumbres, ideología, unicidad.

Y por supuesto Dios, que es lo único que te resguarda cuando nadie más lo puede hacer.

También hay que recordar que para tener una relación se necesitan dos personas.

Y hay que tratar de compaginar para poder compartir con

agrado.

No creas nunca a quien dice no eres suficiente, o no

mereces nada.

Tampoco el que te compara o no te deja mejorar para llegar

lejos.

Mucho menos quien no ve talentos o cualidades en tu

personalidad.

Quien te ama quiere lo mejor para ti, y está orgulloso de tu

propia luz.

La guerra de las rosas

Muchas mujeres vivimos en una guerra continua donde solo las aliadas no recibirán un ataque.

Generalmente esta guerra es silenciosa.

Si la enemiga no provee algo conveniente tendrá más posibilidades de ser atacada.

Y si su figura y personalidad son de envidiar, probablemente intimidará, y sufrirá un ataque.

Si provee algún talento especial, pero no hace parte del clan, nunca será aceptada enteramente.

¿Has llegado a algún lugar y has sentido que sin razón las mujeres te acogen con desconfianza?

"Te saludo, pero ni se te ocurra que te preguntaré cómo te llamas o quién eres".

La mujer se ha convertido en su propia enemiga, una competencia que solo otra mujer entiende.

Lo que no entendemos, es que esto es la consecuencia de la presión social o la carencia de amor.

Como he trabajado con muchas de ustedes, he podido verme en todas y cada una.

He visto mucho miedo, rabia, alegría, confianza, mujeres con dinero, otras con muy poco.

Unas desconfiadas, otras nobles, varias sin complejos, numerosas, rudas y blanditas al final. Imprudentes, tímidas, necesitadas de amor, e incontables que sólo amor regalan.

Otras que se esconden tras una pared de firmeza con tal de cuidar sus corazones nobles y suaves.

Muchas listas para pelear, que poco escuchan, y suelen responder según su razón.

Otras que entienden sin que les tengas que explicar, y otras que ni aunque les expliques.

Unas con muchas ganas de cambiar, pero que poco hacen por lograrlo.

Y otras que por lograrlo todo lo hacen, y terminan por dejarte con la boca abierta.

Unas agradecidas, consideradas, que mucho te ayudan y te apoyan.

Y otras que ni aunque les trates de ayudar.

Lo mejor de todo es que después de escarbar en lo profundo, siempre encuentro lo mismo:

Somos mujeres buenas que nos necesitamos.

Cuando una mujer renuncia a esa primera capa de maquillaje, se relaja y comprende.

Comprende que su problema es el miedo, y su remedio el amor.

La presión social tiene muy desunidas a las mujeres.

Nos hicieron creer que tener mejores atributos físicos nos haría más exitosas.

Aceptamos complacer el morbo tratando de ser el prototipo de mujer.

Senos más grandes, labios más carnosos, cintura de avispa y cola grande.

Vivimos compitiendo y sintiéndonos amenazadas al no cumplir con ese molde.

Priorizamos el cuidado físico sobre el cuidado personal, espiritual y mental.

Tu cuerpo no puede andar vacío por esta vida que tanto ataca el alma.

Cuidado físico es salud, y la salud, como el amor propio, es la base de la vida.

No confundamos esto con la necesidad de ser aceptadas.

De complacer una sociedad material y vacía.

El verte bien te proporciona seguridad.

El sentirte bien te proporciona paz.

Si nos aceptamos las unas a las otras crecemos y comprendemos el rol de la amistad.

La familiaridad entre mujeres, la hermandad y por supuesto la confianza.

Lo digo yo, que he caído en casi todas las trampas que la sociedad pone en nosotras.

No necesitamos impresionar a nadie.

A quien tienes que impresionar es a ti.

Tu físico es la proyección de tu mente, como te trates, te verás.

Solo recuerda: hazlo por ti antes de que por los otros.

Por lo que se les juzga a las mujeres

A la mujer se le juzga por ser tan increíblemente mujer.

Por ser bella, delicada, noble y fuerte.

A la mujer se le juzga por haber tentado al hombre para comer del fruto prohibido.

Supuestamente la mujer también es pecadora por llevar curvas y cabellos largos.

O por llevarlo corto y con estilo.

Aquella que se sienta atraída por su propio sexo es aún peor, dice la sociedad.

A la mujer se le obliga a cubrir sus cabellos y su cuerpo para negar que hay pecado en ellos.

Los mismos que las obligan a cubrirse se mueren por levantar sus faldas.

El verdadero pecado es levantarle las faldas a una mujer sin su consentimiento.

Se le acusa por su belleza.

Se le oprime por ser tan única.

Y aunque aparentemente es el sexo más débil, en su vientre
un ser humano puede crear.

Su delicadeza y feminidad es como la *kryptonita* cuando
está cerca de Superman.

Para muchos la mujer no está al mismo nivel del hombre.

Para otros, somos mucho más.

Desde mi punto de vista, el hombre y la mujer son las dos
piernas que se necesitan para caminar.

La derecha necesita de la izquierda y la izquierda de la
derecha.

Uno es esencial para el otro y solo en equipo habrá
estabilidad.

Y aunque a veces una patee mejor que la otra, las dos son
esenciales para el apoyo personal.

Emocional, mental, espiritual, moral y todas las formas de

apoyo que una pareja se ofrece.

Benditas pecadoras

Conocí una familia muy particular, con algunos problemas de sobrepeso.

Madre e hija anhelaban perder algunas libras y tener la talla adecuada.

Querían sentirse mejor con ellas mismas, levantar su autoestima.

Dejamos de vernos unos meses y después volví a verlas.

Encontré dos mujeres diferentes, decididas y entrenando frente al televisor.

Eran un ejemplo de que solo la entrega nos acerca a nuestras metas.

Aunque no habían llegado a su meta física, no les faltaba mucho.

Me quedé viéndolas unos minutos más y al final las aplaudí.

Me ofrecieron cenar con ellas y por supuesto acepté.

Los tacos, los *chips*, las salsas y los *hot dogs* empezaron a aterrizar en la mesa.

Me dirigí a la hija preguntando, ¿cómo vas a comer esto si acabas de entrenar?

Me miró fijamente y respondió con actitud.

Lo como porque ya me ejercité, ahora puedo comer lo que quiera.

Me detuvo la prudencia que pocas veces tengo, decidí callarme.

Sufrimos por lo que deseamos, pero no cambiamos lo que nos daña.

Hacer las cosas a medias no te llevará a donde quieres.

Muchas veces el problema no son tus genes, sino tus vicios.

Al encontrarlas unas semanas más tarde, tenían el peso de antes.

Mi esposo pensará que soy la mujer más hipócrita del mundo.

Porque amo comer frijoles con arroz y arepa o algunas cosas que no debería.

Pero muchas veces debemos ser realistas:

¿Estamos comiendo lo debido para equilibrar el ejercicio que hacemos?

¿Estamos haciendo ejercicios sin contraer los músculos?

Si no contraes bien los músculos, los resultados tardarán más.

La dieta es primordial para el que se entrena.

Contrata un profesional que te ayude con la dieta y los ejercicios.

O busca información en las redes.

Así mejorarás al mismo tiempo tu físico, tu salud y hasta tu estado de ánimo.

He aquí uno de mis secretos para mantener mi peso.

Todas tenemos un metabolismo distinto, con genética propia.

Cada cuerpo reacciona diferente a la dieta y a los ejercicios.

Tengo un sistema digestivo rápido, me muevo mucho desde pequeña.

Pero sé que estos "tips" te podrían ayudar.

Las ensaladas son esenciales en mi desayuno.

Nada de carbohidratos en la noche, sino ensalada con buena proteína.

Vegetales y buenos carbohidratos cocidos, no fritos, desinflamarán tu abdomen.

Evito los lácteos ya que me inflaman un poco.

No dejo de comer por mucho tiempo.

Cada tres o cuatro horas como algo alimenticio y refrescante.

Los jugos verdes son esenciales para mí.

Son una buena idea para aquellas que no gustan de ensaladas.

Bebido a media tarde mantendrá tu energía y te alivianará el estómago.

De nuevo, primero consulta con tu doctor antes de tomar alguna decisión.

¿Cuánto vale tu ética?

Al convertirme en una mujer observé que lo único que sobra en este mundo es la crueldad.

Somos crueles con nuestros vecinos, amigos, animales y hasta familiares.

La crueldad se expande como una plaga con la que no pueden los pesticidas.

¿Cómo algo tan absurdo puede esclavizar tantos corazones buenos?

Vi pues como el mundo caía preso del socialismo.

Del comunismo anhelado por unos pocos y temido por muchos.

Hay comunismo hasta en nuestros hogares.

Descubrí que en la vida todo era relativo.

Que el mundo estaba plasmado en pequeños ejemplos.

Así que me atreví a analizar esos ejemplos.

Y vi que estamos dispuestos a vender nuestra moral.

A negociar nuestros principios por una imagen.

A renunciar a nuestra verdad por una posición o
conveniencia económica.

Vi hermosas jóvenes con mucha ambición, pero con poco
amor.

Mujeres que se doblegaban ante la apariencia económica
por culpa de su ignorancia.

Conocí una pareja aparentemente muy exitosa.

Acompañada de dos de mis amigos, una tarde fenomenal.

Según mis amigos, yo tenía mucha suerte de que la pareja
me hubiera invitado.

Algo dentro de mí decía que no, pero acepté ir y allí
me esperaba la enseñanza del día.

En medio del almuerzo y una charla muy amena se toca el
tema racial.

Muy animado, el caballero exitoso hablaba desbocadamente acerca de esta raza.

Comentarios que eran casi insultos, chistes y palabras poco cordiales.

Se burlaba de esta cultura con un odio evidente.

Yo moría de ira, ya que en mi país tuve la suerte de conocer a muchos por lo que eran.

No importaba la raza o sus cuentas bancarias.

Pero noté que mis amigos se quedaban callados.

El exitoso hombre parecía también ser dueño de los principios de mis amigos.

No sabía qué era peor, si la burla racista o el silencio cobarde.

No pude callar más y de mi boca salió mi protesta.

El hombre, sorprendido y avergonzado, solo pudo refugiarse en su ego.

Y para no agachar su cabeza me colmó de insultos al ver
que me retiraba.

Se me salían las lágrimas de impotencia.

Por cruzarme con hombres tan exitosos, pero tan pobres.

Por ver pobres tan cobardes ante la injusticia.

Por ver cómo se arrodilla la ética ante el equivocado poder.

Por el pretendido estatus social que muchos aparentan en
este mundo ignorante.

La inteligencia sin escrúpulos puede ser altamente
destructiva.

Muchos hombres utilizan su inteligencia sin corazón.

Hay que saber dar con inteligencia.

Pero hay que saber recibir también con inteligencia.

Es fácil humillar cuando se da.

Y es fácil ser humillado cuando se recibe.

Quien no utilice bien su inteligencia emocional puede causar y causarse daños irreparables.

Amiga, analiza siempre qué tan importante es pensar en uno y en los demás.

Pues el peligro de alimentar el ego es matar de hambre al mundo.

El falso poder

La idea del poder es generalmente una mentira.

Erróneamente le llaman poder a la soberbia, la arrogancia y

el abuso.

A quien tiene dinero o un alto nivel laboral.

A quien con lujos pretende ser más que tú.

A quien con fama e imagen nos da su peor ejemplo.

A quien ofende y humilla con descaro a su prójimo.

A quien manipula y abusa para alimentar su ego y llenar su

bolsillo.

Tener una buena situación económica no es un error.

De hecho, admiro a los que han logrado avanzar y crecer.

También a quien posee mucho y ayuda a quienes más

pueden como puedan.

Pero quien utiliza sus bendiciones en contra de los demás

no tiene poder.

Poder es una palabra maravillosa y poco comprendida.

Si no ayudas ni respetas al prójimo, no tienes poder.

Y si lo haces a cambio de algo, tampoco lo tienes.

El poder no nos autoriza a matar, dañar, ofender, abusar, engañar o robar.

El ego y la ambición sí.

El poderoso es aquel que tiene completa empatía entre corazón y razón.

El poder es una gran responsabilidad.

Y solo puede amar quien tenga ese poder.

O solo tiene ese poder quien en realidad puede amar.

Que tengas bienes materiales no siempre quiere decir que tengas poder.

Que tengas cualidades físicas no siempre quiere decir que tengas poder.

Que cumplas una labor en el gobierno no siempre quiere decir que tengas poder.

A veces creemos poderoso a quien difama, o le damos poder poniéndonos por debajo.

A veces le damos poder a quien ridiculiza y abusa de su imagen para afectar a otros.

El problema es causado por los muchos que permiten a unos pocos dañar su estructura.

No tiene poder quien abusa de un pueblo para beneficiar a sus allegados.

Quién miente y roba.

Quién da pretendiendo cobrar de vuelta.

Quien pretende ganar un corazón o una relación con bienes materiales.

Y la verdad detrás de esto aterroriza.

Porque somos nosotros quienes ofrecemos ese poder a los abusadores.

¿Qué tan grande es la responsabilidad de tener algún poder?

Gracias a Dios los humanos no poseemos poderes como los X-man.

Y por qué poseerlos, si los pocos que tenemos los utilizamos para destruir a los demás.

Cuando estoy molesta quisiera quemar muchos traseros para desahogarme.

Gracias a Dios esto no es posible.

A los humanos nos dieron exactamente lo que necesitábamos.

Si nos dan más, no hubiésemos sobrevivido una semana.

Tenemos que entender la verdadera capacidad del poder.

De lo contrario el hombre seguirá sufriendo los mismos problemas.

El poder es el positivismo, impulso, entusiasmo, la entrega, la confianza, la fuerza.

También llamo poder a la fe, porque ella mueve montañas, o la unión que es tan poderosa.

He ahí la importancia de ser consciente de los pequeños detalles.

Poder es amar, ayudar, entender, ofrecer, perdonar, entregar, soltar.

Liberar al hombre de su continua guerra para encontrar paz en él y con todos.

No olvides que hay muchos que no pueden dar pues necesitan recibir un poco más.

La vida y su relatividad

Recuerdo el paisaje de las montañas que me rodeaban de pequeña.

Muchos campos con hermosas vistas.

Al caminar por ellos sentía como las hojas me cortaban la piel.

O se quedaban pegadas en mi pelo y mis ropas.

Algunos insectos me picaban.

Unos suelos eran rocosos, otros llenos de fango.

Aunque mi tierra era muy bella, a veces dolía caminar por ella.

No todos los animales eran amigables.

Algún que otro pato te correteaba para morderte.

Los perros agresivos te ladraban, los amistosos te movían la cola.

Los cachos de los bueyes te asustaban.

Te intimidaban el mugir de ciertas vacas.

Si te caías, alguna piedra te rompía la rodilla o la quijada.

Algunas montañas eran más difíciles de escalar que otras.

Era en si un paisaje bello, pero duro de caminar.

Así supe lo relativo del mundo.

Los animales se comen entre ellos.

Nosotros comemos animales.

Y nos comemos como animales.

Lo que nace muere.

Lo que sube baja.

Lo que hoy es mucho, mañana puede ser poco.

Lo que ayer parecía poco hoy probablemente es mucho.

Y vi como el humano vive bajo una ley donde hasta la

gravedad lo lanza para abajo.

El reto es poder salirse de esta ley.

Relatividad es la hija de la relación y la realidad.

El hombre nace y así mismo muere.

Se crece para después envejecer y ser de nuevo niño.

Un día eres rico, si no lo cuidas, mañana no sé.

Se sube, pero si no se tiene cuidado, se baja muy rápido.

Lo bueno no siempre es tan bueno.

Lo que parece malo a veces es mejor.

Al romper una puerta, el herido eres tú, la rota es la puerta.

No importa lo que dañes, si el golpe es directo no dejarás
de ser afectado.

Hay cimas más difíciles de subir que otras.

Y en el camino algo te lastima, te corta, te muerde.

Noté que caer es más fácil que subir.

La subida toma tiempo, y así se hace más segura.

La bajada es más rápida, muchas veces aparatosa,
lamentable, dramática.

Parece imposible salir del hueco, es oscuro y tenebroso.

Hay que escalar con las uñas, pues no hay soga que te
aguante.

Lo bueno de esto es que al alcanzar la cima el sentimiento
de victoria es excepcional.

Lo aprendido es maravilloso.

Alguien me dijo que lo bueno cuesta.

Yo digo que cuando la vida no te bendice, lo que no cuesta
se paga con lágrimas o con esfuerzo.

No es pecado ser bendecido, el problema es cuando no lo
valoras ni respetas.

Algunos vivimos como animales pretendiendo ser
humanos.

¿Acaso somos animales creciendo en una selva de

cemento?

¿Por qué te odio?

¿Por qué duele el mundo?

El mundo duele a causa del odio que crece en el hombre.

El odio pasado de los que no supieron levantarse.

El odio presente de los que sufren el odio.

Te odio porque no te comprendo.

Te odio porque te amo.

Te amo y no lo entiendo.

Te odio porque es sencillamente un amor incomprendido.

Y es que el odio es el amor frustrado.

Te odio porque te amé tanto que puse mi cuerpo y mi

corazón para que te levantaras con ellos.

Te odio porque no solo tú aprendes, si no que me permites

aprender.

Te odio porque eres mi reflejo, probablemente el que no quiero aceptar.

Te amo y no lo sé.

Te odio porque vine al mundo a dejarte dañarme, y me puse debajo de ti para que entendieras.

Te odio porque ni aun así lo entiendes.

Te odio porque hoy eres yo en un pasado futuro o en un futuro pasado.

Te odio porque no sé qué es el amor completo, y solo te estoy amando en una de sus formas.

¿Te roban o te dejas robar?

Hay quienes te roban el corazón con una mirada.

¿Pero qué tiene esa mirada que sin tocarte puede adueñarse
de tu corazón?

Le has entregado el corazón a esos ojos que te miraron con
certeza.

A mí me robaron la tranquilidad varias veces.

O, mejor dicho, la regalé.

No podía dormir pensando qué hacía, con quién estaba.

Lo más curioso es que él no me había quitado nada, yo le
había entregado mi desconfianza.

Otras veces me robaron el dinero.

El chico me cobraba por recogerme y llevarme.

De donde estuviera contaba, y también hasta dónde me
llevara.

Además, me cobraba el diez por ciento de todos mis trabajos.

Tan regalada estaba yo que le pasaba todo, hasta lo que él no me conseguía.

Yo era tan loca que le pagaba, aparte le regalaba mi corazón.

En otra relación se me prohibió salir sin permiso.

Salir sin él podía ser la causa de un problema.

Alguna vez perdí la privacidad, no podía hablar por teléfono sola, ni un segundo.

Estaba continuamente en vigilancia.

Una vez me robaron la verdad, todo era mentiras una encima de la otra.

En otra ocasión me rompieron la nariz, me cambiaron el color por un morado sangre.

Los cabellos que me arrancó se los regalé ya que no me los podía poner de vuelta.

Peor fue cuando perdí la confianza, porque fue la que más me costó recuperar.

Con suerte un gran amor la trajo de regreso, aunque le tomó un poco más de la cuenta.

Esto fue lo que la inexperiencia me costó.

Gracias a Dios no me dejé robar la dignidad, pues ese es el tesoro más grande de cuidar.

Noches de locura

Una noche en el trabajo me encontré con unos buenos

amigos.

Venían acompañados de un hombre muy particular.

Risueño y amable, aparte galán.

Nos entretuvimos conociéndonos y nos invitaron a salir a

mí y dos compañeras más.

La noche iba fenomenal, todos felices y con ganas de gozar

después del trabajo.

Nos subimos en un carro y el hombre me preguntó si quería

manejar.

Yo feliz pues aprendiendo estaba, por supuesto eso no lo

iba a decir.

El carro era convertible, parece ser que el chico tenía un

buen estatus social.

La química crecía y entre risas y miradas él se acercaba cada vez más.

Yo por supuesto halagada y acabando de salir de una relación, pensé ¿por qué no?

Llegamos al lugar, era lujoso y sofisticado.

Nos invitaron a una copa, por suerte no me gusta tomar, y les dije a mis amigas que iba al baño.

Ellas, como cosa de mujeres, dijeron que me acompañarían.

Boté el trago por un lavamanos y lo remplacé con agua de la llave, era un mojito.

Una de mis compañeras también lanzó el trago por el lavamanos, remplazándolo con agua.

La tercera, como sabía beber, se quedó con el trago que los chicos le ofrecieron.

Al volver a la barra y bailar unas canciones hubo un cambio en mi amiga, la que no botó el trago.

Yo no la conocía tanto como a mi otra compañera.

Quien también pensaba que el comportamiento de la tercera era muy extraño.

El hombre que me pretendía se acercaba, pero ya sin precaución y con menos respeto.

Se puso agresivo en el momento de conquistarme.

Analicé lo que pasaba, igual era algo difícil en medio de la música y las risas.

Entre un baile y otro notábamos que la amiga que se tomó el trago se ponía cada vez peor.

Que a pesar de estar casada, abrazaba y besaba a otro hombre como a su amante.

No lo podíamos creer, algo definitivamente estaba pasando.

Al parecer podía besar a cualquiera que estuviese cerca de ella.

Estaba perdida, totalmente fuera de control.

Aunque el lugar era muy bello, algo muy feo estaba ocurriendo.

Y el que se vio muy caballeroso ahora se había convertido en un guache imparable y fastidioso.

Mi razón gritó alarma, y la sonrisa se me empezó a desaparecer.

Decidimos dejar el lugar.

Nuestra amiga estaba perdida con tan solo unos meses de casada.

No era lógico.

De camino a casa, el hombre me seguía invitando a un hotel, prácticamente rogándome.

Cansada de tanta insistencia, le dije:

 Por favor, no sigas con lo mismo, contigo no me voy.

Molesto, ha parado el carro y en medio de la autopista ha gritado.

Se me bajan todas estas perras de aquí.

No lo podíamos creer, nos estaba botando en mitad de una autopista a las cuatro de la mañana.

Creo ahora que fue lo mejor que nos pudo pasar, pues borracho al volante es muy peligroso.

Uno de sus amigos que venía en el carro le preguntó ¿qué pasa?

La píldora que puso en los tragos le estaba haciendo efecto, y se había vuelto un monstruo.

A mi amiga ya le había hecho efecto en el corazón, pero a él le funcionó en el ego.

Di gracias a Dios por no haberme tomado ese trago.

Y porque mi otra compañera tampoco lo bebió.

El otro chico detuvo un taxi para nosotras y nos envió a casa.

Nos bajamos de ese carro rápido, sin evitar decirle "por eso no me acuesto con idiotas".

Por supuesto que me había acostado antes con idiotas, pero no los había captado tan rápido.

Mi otra compañera adhirió: "no me baja nadie, yo me bajo sola".

Si me hubiera tomado ese trago, no sé en qué motel me hubiese levantado.

Tampoco hubiese podido recordar qué hubiera hecho, ni qué me habrían hecho.

Mi amiga, la que se tomó el trago, al otro día no se recordaba de nada de lo que pasó.

Su cerebro, bajo los efectos de la píldora, había borrado las últimas horas de su vida.

Se sentía mal y sucia por lo que le contamos había hecho la noche anterior.

Debo reconocer que el hombre que nos bajó del carro,
después nos mandó sus disculpas.

A tiempo para perdonarlo, demasiado tarde para olvidarlo.

Entre la razón y la conciencia

En una de las etapas más controversiales de mi vida,
experimenté lo paranormal.

Y en una de mis relaciones anteriores tuve la oportunidad
de conocer lo indebido.

Me di cuenta de cómo afectaban las drogas a los jóvenes en
las fiestas nocturnas.

Una noche fui invitada a una de esas fiestas en donde todos
están con todos.

Quedé perpleja, y aunque solo vi parte de la acción, mi
amigo me incitaba a ser parte del clan.

Ciega e hipnotizada, actuaba como si me agradase llegar a
ese nivel.

Para ser honesta, no pude llegar a tal.

Al salir de allí manejamos hasta mi casa para empezar con
lo que no había empezado.

Vivía en un segundo piso y no había ascensor, así que de frente podías ver las escaleras.

En el momento que parqueamos, un hombre sentado en las escaleras esperaba por nosotros.

Era de piel oliva, con camisa, pantalones, medias y zapatos blancos impecables.

Su mirada era profunda, daba pavor, era intrigante, parecía decirme:

Sé dónde estabas.

Lo vi de perfil, y en el momento de estacionar giró su cabeza estilo *paranormal activity* y sonrió.

Mi amigo toca mi pierna y dice:

Este no está vivo.

El sentimiento de miedo y vergüenza me ataca, llevo una falda corta y unas botas a la rodilla.

Quiero bajar la falda hasta las rodillas, pero no me alcanza.

Quiero taparme, pero la ropa está muy chica.

Nunca me he sentido tan sucia.

La vergüenza es tal que solo quiero agacharme debajo de la silla del carro.

No puedo ni levantar mi cabeza.

Tengo miedo, o mejor dicho, pavor.

Mi compañero no puede moverse.

Le ha tomado unos segundos ponerse los testículos en su lugar para bajarse del carro.

El hombre de blanco camina unos pasos hacia nosotros, con las manos en la mitad de su pecho.

Empiezo a orar, es imposible no hacerlo.

Siento que me han visto, que soy culpable, que estoy sucia y arrepentida.

Aunque no he hecho nada, el solo saber de dónde vengo me carcome de vergüenza.

Finalmente, mi compañero sale del carro, se acerca y pregunta:

¿Qué quieres?

El hombre de blanco responde:

Dios los bendiga.

Más pena me da, me agacho como si supiera que me mira, como si me estuviese buscando.

El hombre de blanco prosigue:

Tan solo quiero una *cora*: veinticinco centavos.

Mi amigo tiembla buscando ansioso en sus bolsillos algo para darle.

Toma.

El hombre dice gracias y nos da la bendición.

Dobla la esquina y corro hacia mi casa para mirar por la ventana a ese hombre tan particular.

Ha desaparecido.

Alguien que nos pide dinero como un mendigo y nos bendice como un cura.

Había visto algunos mendigos por mi barrio, de hecho los reconocía.

Pero nunca vi a este, que tan particularmente tenía sus ropas limpias y claras.

Mi cabeza peleaba entre la razón y el cargo de conciencia.

Mi amigo entró y dijo:

Tenemos que orar.

Así que nos hincamos de rodillas.

Al otro día llegó a mi casa con un escapulario.

Esto es para que te protejas.

Al parecer no fui la única que percibió extraña esa inesperada visita aquella madrugada.

¿Coincidencia o imaginación?

Moraleja:

Es malo el testificar acciones de bajo nivel energético.

Recargas la tuya con oscuras e indescriptibles situaciones, que no quieres tener que vivir.

La vulnerabilidad de los artistas

El artista es sensible, receptivo y expresivo.

El artista regala sueños, y roba sonrisas.

Le ofrece vida y sentido de libertad al espectador.

En la cultura actual, al artista se le maneja para supuestamente poder ayudarlo.

Muchos son manejados por gente insensible que les saca todo el jugo para llenarse los bolsillos.

El artista tiene la capacidad de alegrarte el día al enseñarte sus dones.

Son como los superhéroes de nuestro cotidiano, tan anhelados en nuestra realidad.

Muchos en el mundo del espectáculo perforan tus emociones.

Son seres con niveles de energía muy particulares que te conectan al cielo.

Mientras que los que se aprovechan de ellos los llevan al infierno.

Dichosos aquellos que con dignidad han podido hacer su trabajo como artistas.

El artista paga un alto precio por sus capacidades.

Pierde su libertad y su privacidad.

Al ser tan ingenuos, se les engaña fácil y con frecuencia.

Se les manipula prometiéndoles un mundo igual al que ellos ofrecen.

El artista sueña en grande, vive al máximo y expresa sus emociones con el corazón y el alma.

Hay muchos que plasman sus sentimientos en un cuadro llevándote a tu mundo o al suyo.

Otros cantan resonando notas que te elevan y te conectan con tu sentir.

Muchos actúan, poniéndose en los zapatos de todos sin miedo al ridículo.

Otros tocan los instrumentos para desahogar corrientes de emociones a través de su sueño.

Hay quienes bailan, conscientes de su cuerpo y pasión cuando la energía y fuerza quieren volar.

También están los que escriben encontrando en ti una razón para vivir y entender.

Otros, con grandes dones físicos, andan de tarima en tarima enseñándote a creer en lo imposible.

Hay numerosos seres en este mundo para ayudarte a alivianar la carga de la vida.

Malabaristas, escritores, magos, poetas, escultores, comediantes, pintores, cantantes...

Tantos y muchos para ayudarte a conectar con el corazón.

Al parecer nuestros hermanos que solo quieren ayudar de alguna forma.

Al artista muchas veces se le ridiculiza, abuchea o reprime.

He visto muchos volviéndose locos, viviendo para el mundo cuando este no vive para ellos.

Hay otros que corren con más suerte.

Lo peor que puede pasarles es que no ganen aplausos después del show.

Hay muchos que suben como palmas y caen como cocos.

Hay muchos que son aceptados por su físico, no por su talento.

Los hay que tienen la suerte de ser protegidos por otros artistas para no desconectarse.

Otros son víctimas de la codicia que los lleva a cantar lo que no quieren.

A bailar como no deben.

Muchos caen en las manos del alacrán que con su cola aplica un veneno mortal.

Hay artistas retirados, que tienen aún ganas de darle al mundo, pero sus fuerzas no le dan.

Hay de hecho muchos que no saben que lo son y caen en el círculo del mal espectador.

Se critica al hombre que con sus canciones nos hizo recordar, soñar o bailar y sentir.

Bailamos sus canciones, memorizamos sus letras, brincamos en la pista con euforia.

Pero después los apartamos por su color de piel, sus errores o su origen.

Hay en cambio otros que darían todo por ser como ellos.

Los idolatran, los desean, los necesitan.

Pero cuando el artista actúa como cualquier humano, se le hunde hasta ahogarlo en la mentira.

El artista te roba sonrisas, algunas lágrimas y sueños, muy

dentro de ti.

Me río de ti

Para algunos el tema de las burlas es solo una pequeña broma, algo insignificante.

En mi país todos nos reíamos de todo.

O de todos.

Cualquier falta de tu parte haciendo lo que fuera, podía desatar un ataque de risas en los demás.

Hasta ahí todo estaba bien para mí.

Incluso, ver cómo muchos disfrutaban esos pequeños momentos era de mi agrado.

El problema era cuando los comentarios o las burlas se volvían personales.

Mi gente colombiana tiene la hermosa capacidad de reír aun cuando hay más razón para llorar.

Algo que destaco y recuerdo con agrado.

Pero no todos utilizan esta hermosa cualidad para disfrutar de un momento o una situación.

Todo lo contrario, entre risa y risa sacan sus verdades al aire y escupen su veneno.

De pequeña veía que muchos de mis bailes o mis actos eran razón de burla o insultos.

Las burlas crecían cada vez más y hasta llegaron a las paredes del baño de mi escuela.

Había comentarios tan crudos y ofensivos que al verlos yo no sabía por quién sentirme peor.

Si por el que los escribió, o por el que vio que lo escribían y no hizo nada para detenerlo.

Los miedos de mis pequeños compañeros se reflejaban en sus carcajadas y mensajes en la pared.

Curioso, porque aunque ellos trataban de insultarme no lo lograban completamente.

Por una razón aún inexplicable, sabía que el problema no era mío, el problema era de ellos.

Lástima me daba ver que estos niños tenían tantas hermosas cualidades y no lo veían.

Se comparaban con nosotras y les incomodaba nuestra pequeña grandeza.

Eran como un circo de monos brincando a todos lados, intimidados por nuestra cercanía.

No estoy tratando de insultarlos de vuelta.

Pero a veces el ser humano cae tan bajo que puede aceptar las comparaciones más fuertes.

Pasaron unos años y llegamos a la adolescencia entrando al *high school* en Cali.

Algunas compañeras de clase eran completamente distintas.

Sabían reconocer la belleza y el talento ajeno, y este comportamiento me hizo feliz.

Mi experiencia me decía que lastimosamente no siempre es así.

Quizás porque no aceptan su tan particular grandeza y al no reconocerla la niegan en otros.

Una de las chicas de la clase era de hecho muy hermosa, su belleza no pasaba desapercibida.

Cualquier persona que entrara a la clase tenía algo que ver con su rostro.

Sus ojos eran llamativos y sus cabellos lisos y brillantes.

Esta chica tan bella encontraba razones para burlase de nosotras constantemente.

Lo más curioso era que hacía esto al lado de otras que no me parecía fuesen de su talla.

En muchos bailes y eventos que hicimos en *high school*, encontramos apoyo y reconocimiento.

La mayoría de nuestros compañeros nos admiraban.

Como siempre, los profesores nos animaban.

Lo que yo no podía comprender por qué para otros nuestro trabajo era un insulto.

El último día de *high school* los chicos de la clase hicieron una reunión para despedirnos.

Mi hermana y yo nos perdimos por un par de minutos y llegamos tarde.

Antes de abrir la puerta escuchamos muchas risas y nuestros nombres.

Hicimos una pausa y decidimos ver por una hendija lo que estaba pasando.

Las chicas del salón imitaban nuestros bailes y nuestras actitudes, se reían incontrolablemente.

Como si nuestro trabajo fuese lo más ridículo del mundo.

Entre ellas vi a la chica bella.

Era la protagonista de las burlas, animada por las demás, era un ícono de la bajeza.

Me quedé perpleja.

Perpleja ante el hecho de constatar que alguien de bien pueda lucir tan mal.

Evidentemente, ella no lo sabía.

No sabía la enorme distancia que puede haber entre lo que uno es y lo que uno hace.

Entre lo que uno representa y lo que uno proyecta.

Entre lo que uno puede y debe hacer, y lo que finalmente hace.

Nos mirarnos a los ojos mi hermana y yo, decidimos entrar.

Hubo uno pausa y una sonrisa de sabiduría nos pintó la cara.

Abrimos la puerta y todas pararon la burla para fingir que hacían algo diferente.

Los chicos nos acogieron con entusiasmo, apoyándonos con actitudes muy obvias.

Cinco minutos después, las burlas empezaron de nuevo.

Más que con rabia, miramos a las muchachas con lástima.

Sus bajas acciones solo describían qué tan grande era su bajeza.

Hoy por hoy muchas de ellas mandan invitaciones de amistad por las redes sociales.

Sonrío al ver que hasta el sol de hoy se interesan en la vida de mi hermana y yo.

Mirando el pasado comprendí que detrás de un niño que ataca hay un niño que teme.

Detrás de un niño que se burla, hay un niño que sufre.

Y que, con el tiempo, la culpabilidad se suma al sufrimiento.

El remordimiento y el dolor carcomen el alma de los abusadores.

Porque uno no puede escapar de la desgracia haciendo desgraciados a otros.

Pero el tiempo siempre termina por pasarte la cuenta.

Un acto de burla acosadora fue siempre para mí un ejemplo de inferioridad inconsciente.

Pues aquel que actúa o pretende aparentar mucho, siempre tiene poco, siempre tiene menos.

El despertar del cielo

Encontré que para muchos la vida era injusta.

Y cómo no caer en esa trampa cuando vivimos cada circunstancia sin explicación.

No se nos explica más de lo que dice el cura en la Iglesia al leer la Biblia.

Se nos dice que hay que arrepentirnos porque seremos condenados por nuestros pecados.

Que cuando mueras vas al cielo o al infierno.

Se nos condena por nacer bajo circunstancias inexplicables y severas.

Recuerdo que, viajando en los buses de Cali, me llamaban la atención los niños malabaristas.

Al parar en los semáforos, los niños malabaristas hacían sus números y pedían dinero.

Uno encima del otro, haciendo acrobacias para poder recolectar algo de comer.

Con sus ropas sucias y sus zapatos rotos vivían para sobrevivir.

Yo había recibido una beca en una de las mejores escuelas de baile en Cali.

Allí todo era diferente.

A las chicas las traían en carro, tenían muy buena vida, hablaban de sus viajes y sus sueños.

Eran seguras de sí mismas, dentro de lo que cabe, limpias, estudiadas y felices.

Yo tenía que ver estos dos escenarios en un mismo día.

El de los niños sucios y el de las niñas limpias.

Yo no comprendía cómo al nacer muchos tienen poco, y pocos tienen mucho.

Era duro constatar que habías nacido pobre, con pocas oportunidades o con enfermedades.

Y que Dios te juzgaría como a cualquier otro que tuvo la suerte de conocer lo bueno de la vida.

El pobre peca por ignorante.

En la vida se ven niños con enfermedades terminales, familias con problemas mentales.

Y también niños ricos y bendecidos.

Muchos con talento, otros que ni siquiera saben lo que es eso.

Hay blancos, gordos, bajos, altos, negros, indios, algunos con pies otros sin ninguno.

Hay hombres con dos manos, otros con una sola.

Unos con hermosas bocas, otros con labio leporino.

La vida está llena de cielo e infierno.

Pero para encontrar el cielo o el infierno, no siempre una vida es suficiente.

Esa idea ha rodado en mi cabeza durante muchos años.

Se alaba a un dios perfecto, en una vida imperfecta.

En una tierra perfectamente diseñada para nuestro bienestar.

La perfección es indiscutible: árboles, agua, tierra, animales, cielo, mar, universo y demás.

Inexplicable y magnífica en la mano de Dios.

De solo pensar en la exactitud física, cuántica o matemática siento mi cabeza explotar.

Es como cuando me preguntaba de dónde vengo, qué hago aquí, y para dónde voy.

Solo podía resolver para dónde voy, porque lo tenía claro.

Pero entones me pregunté cuál es el principio y cuál es el final.

Me dijeron que no había respuesta a ello.

Dios, pensé, camino a ciegas por un mundo sin respuestas.

Igual la vida no dejaba de ser bella.

Los amaneceres eran el despertar del cielo.

Las aves, como ver a los ángeles.

Y el olor de la tierra alimentaba mi alma.

Definitivamente era discutible que la vida fuera injusta.

Pasé mucho tiempo aprendiendo, y al aprendizaje comencé

a agregarle mi propio análisis.

Y a partir de mi análisis empezaron a revelarse mis

convicciones.

Constaté que la vida es perfecta.

Que las circunstancias de cada cual son el pan divino de su

perfección.

Porque son pruebas que pasamos, y que al final nos hacen mejores.

Pruebas que debemos aceptar y de las que debemos aprender.

Para terminar, compartiendo ese aprendizaje con la mayor cantidad posible de seres humanos.

Mi alivio fue inmediato: comprendí que la grandeza de la vida es simple como un amanecer.

Que lo malo siempre tiene un lado positivo.

Y que cuando las cosas se vienen abajo no se están destruyendo, se están acomodando.

Como si Dios y tú escogiesen lo que necesitas para cambiar esa parte que debes mejorar.

Y aunque la manera de aprender muchas veces sea trágica, es la única salida para entender.

Aprendí que el amor es el camino.

Aunque para muchos el amor sea el más grande de los misterios.

Al volver a nacer estarás en diferentes situaciones.

Esto continuará siendo parte de tu aprendizaje.

Una vida no es suficiente para entender la verdadera dimensión del amor.

El mejor ejemplo es la historia de Jesús.

Que necesitó dos vidas para proyectar el amor con la santa nobleza de su humanidad.

Él que todo lo hizo por amor.

Los golpes, latigazos, insultos fueron un camino para llegar a la luz.

A Jesús se le condenó injustamente por amar y hablar de Dios.

Por amor cargó la cruz con una corona de espinas sangrando por cada parte de su cuerpo.

Tuvo el valor de enseñarnos que cada paso valió la pena para seguir el camino.

Solo los valientes pueden cargar una cruz muy pesada para poder acercarse a Dios.

Al final de tantas preguntas pude comprender la verdad en medio de tanta oscuridad.

Nuestro mejor camino es el amor, y el plan es aprender.

Pasando por situaciones para empatizarnos con todos sin juzgar.

Vamos por la escuela de la vida a diferente velocidad, pero avanzando, que es lo más importante.

La vida no es injusta, injustos nosotros, suerte que estamos aquí para poder repararnos.

Lo más difícil es empezar.

Al pasar mucho tiempo en una a relación empiezas a acomodarte en una zona de confort.

Donde el cuidado físico y personal pasan a un segundo plano.

Y es allí donde tu cuerpo y tu *look* empiezan a cambiar.

Hay una diferencia entre *look* y *sex appeal*.

El look es la imagen que se logra combinando accesorios y procedimientos exteriores.

El *sex appeal*, es la esencia de la mujer, su secreto, su intimidad proyectada como un perfume.

Hay mujeres que se llenan de accesorios y marcas de lujos, sin tener un ápice de *sex appeal*.

Y otras que desbordan de *sex appeal*, de manera natural, sin marcas ni artificios.

Si comparamos con un fruto, el *look* es la cáscara, superficial, protectora, necesaria.

Mientras que el *sex appeal* es la masa, la savia, lo jugoso y fundamental.

El *sex appeal* es interior e intenso, es la confianza que una proyecta con naturalidad.

El *sex appeal* es necesario para que haya chispa en la relación.

No debes confundir cuidado propio con *sex appeal*.

El cuidado propio es el amor por ti, el *sex appeal* es una de sus consecuencias.

El cuidado propio es la clave para mantener el *sex appeal*.

Sin olvidar que lo primordial de una pareja es el amor y la aceptación.

Te acepto, me aceptas.

El problema llega cuando nos relajamos tanto que nos olvidamos de nosotras.

Probablemente tu esposo o pareja no dirá mucho acerca de esto.

Unos difícilmente se quejan, otros lanzan sátiras y otros se quejan en tu cara sin pena alguna.

A veces somos nosotras las que nos quejamos por las mismas razones.

Pero si por alguna razón el problema parece ser contigo, lee bien lo que te voy a recomendar.

El hecho de que sea tu pareja no significa que debas dejar de hacer mucho por ti.

El hombre ama a la mujer que se ama.

Una mujer que se cuida y se respeta necesita su tiempo y espacio para cuidarse.

Empieza por alimentarte bien y mantener un peso saludable.

Quien quiere, puede.

La organización es clave para que alcances tus metas.

Te sientes cómoda con pensar que tu pareja te ama con unas libras de más o sin lavar tu cabello.

Sin maquillarte ni un poco, o sin hacerte las uñas

Sin vestirte bien, sin oler bien.

Esto no siempre es así, nada más atractivo que una mujer segura, limpia y fuerte.

Y recuerda que esto es primero por ti y por la relación.

Lo que reflejas es lo que ellos opinarán de ti.

Después de dar a luz yo no me sentía cómoda conmigo misma.

Es lógico después de haber tenido tantos cambios físicos.

La presión era aún más alta, yo era la imagen de mi propio negocio.

Abrí mi propio *studio* de *fitness* y danza en Miami en el 2014.

Pensaba: Dios, cómo puedo hacer esto, no duermo, no como bien, no paro de trabajar.

Aparte, quería ser madre y disfrutar esa etapa crucial de la vida.

Después de verme en un estado más tranquilo y a gusto con mi hijo, debí volver a mí.

Organicé mis horarios y mi trabajo para hacer ejercicios más a menudo y soltar el estrés.

Gané seguridad en mí después de arrojar unas cuantas libras y quemar calorías.

Lo mismo decidió hacer mi esposo.

Nos habíamos desmejorado después de tener el niño.

Veía como él se levantaba a las cuatro de la mañana para hacer ejercicios.

Qué gran ejemplo, pensé.

Le importaba que su mente y su cuerpo estuvieran en coherencia.

Aparte, se veía muy bien.

Inspirada por él, por mis amigas y mis alumnas, organicé mi espacio y arranqué.

A veces lo más difícil es empezar.

La situación mejoró muchísimo, me sentía feliz conmigo y en casa.

Poco a poco me encontré haciendo ejercicios y disfrutando del movimiento.

Era curioso como al motivar mis endorfinas, mis preocupaciones no pesaban lo mismo.

Llegaba a casa feliz, liberada despúes de unas clases,

segura, liviana y con fuerza.

Quería vestirme bien, todo me empezaba a quedar mejor.

Mi esposo y yo de vuelta a nuestra relación y con la mente

libre para seguir nuestros planes.

Claro que después de un hijo no tendrás el mismo tiempo,

debo ser honesta.

Pero no significa que no lo puedas buscar.

Lo buscas porque vale la pena, porque es salud y alegría.

Disfruta el tiempo con tu esposo, como la novia, como la

amiga, esposa y mujer que eres.

Moraleja:

Piensa en ti, cuídate, ejercítate, quiérete.

Así como vemos en los aviones, que antes de tomar vuelo

te explican:

En caso de emergencia, ponte la máscara de aire primero tú

y después ayudas a los demás.

El más duro y hermoso trabajo

Mi madre vino desde Colombia a mi casa en EE.UU justo a los cinco meses de mi embarazo.

Se echó a llorar al verme en la puerta, recibiéndola.

Pensé que era por la emoción.

Pero me dijo que era por lástima de verme en tan malas condiciones.

Encontró un esqueleto embarazado, andante y débil.

Abrió la nevera y me preguntó si era vegetariana, le respondí creo que sí.

Solo había ensaladas.

A sorpresa de ella, eso era lo que comía.

De allí en adelante todo empezó a cambiar.

Esperábamos ansiosos saber el sexo del bebé.

Muchos decían que era niña por mis síntomas.

Pocos decían que era varón.

La ilusión de tener una nena me derretía.

Una noche, una semana antes de la ecografía, fui a dormir.

En mi sueño veo una puerta, y siento mucho miedo de entrar.

Me devuelvo y me alejo pero algo me dice entra, no tengas miedo.

Camino hacia la puerta, la abro.

Para sorpresa mía, hay un niño de unos ocho años parado en mitad del cuarto.

Nos habíamos mudado hacía un mes y el cuarto era el que habíamos dejado.

Estaba vacío tal y como lo dejamos el último día.

El niño se veía tímido y no decía una palabra.

Solo me miraba.

Le pregunto desde la puerta:

¿Eres mi hijo?

Y moviendo la cabeza acierta un sí.

Mi sentimiento fue profundo y de mucho amor, me acerqué
y lo abracé.

Mi corazón no entendía tanto amor, nunca antes lo había
sentido así.

Me despierto en la madrugada y a gritos despierto a mi
esposo.

¡Vamos a tener un varón, no es niña!

¡Es un niño!

Mi esposo, entre dormido y despierto, no entendía mis
gritos.

El sueño había sido muy real.

Pasaron los días, Mamá cocinaba y cuidaba de nosotros.

Como si tuviera una cuenta pendiente con el pasado.

Una cuenta que saldaba un poco en cada cuidado que nos prodigaba.

Mamá empezó a cocinar, cuidando de mí, mi hijo y esposo.

La casa estaba perfectamente arreglada, y la comida poco a poco empezó a entrar más.

Anhelaba el momento en que se detuvieran mis vómitos.

Ese día sólo llegó después de parir.

Tuve que concentrar mi energía en dar clases y gestar mi bebé mientras vomitaba la bilis.

Era un líquido amarillo que proyectaba en las mañanas cuando mi estómago estaba vacío.

Mi bebé se movía cada vez más y eso me revolvía en mareos y malestar.

Y sin embargo lo amaba, lo amaba infinitamente.

Llegó la mañana de la ecografía para saber el sexo de nuestro hijo.

La enfermera se tomó su tiempo para chequear las imágenes.

Efectivamente es un varón.

Al pronunciar la enfermera esto, mi esposo salta de la silla.

No me lo esperaba, dice mi marido.

Yo te lo dije, le digo.

Fue como si Dios me hubiera hecho guardián y administrador eterno del corazón de mi hijo.

Los vómitos continuaron, ahora bajaban dos veces al día.

Sobre todo en las mañanas.

La fecha se acercaba, mi panza crecía igual que mi cansancio.

Y llegó el momento más esperado.

El parto.

Muchas emociones encontradas.

Me preguntaba cómo iba a lucir, y muchas cosas más.

¿Qué tan sano sería, qué tan fuerte, qué tan bueno, qué tan inteligente?

¿Y qué tan buena mamá sería para él?

Cada noche mi esposo solía poner la maleta cerca de la puerta para cuando llegara el momento.

Cada noche, durante una semana, emocionado se frotaba las manos:

Hoy nacerá.

Tenía ya cuarenta semanas de gestación y un par de días.

Las ansias nos devoraban.

Terminé por decirle que no se emocionara tanto porque seguíamos en las mismas.

Y no nacía.

Lo más curioso fue que después de esa conversación, a medianoche, rompí fuente.

Una mujer siempre sabe cuándo es el momento.

Los mecanismos de la naturaleza son manejados por la mano de Dios.

Tomé una ducha mientras veía a mi esposo gritarme desde la puerta del baño.

¿Por qué te demoras tanto?

¡No hace falta bañarte antes de ir a parir!

¿Por qué te demoras tanto?

Era estremecedor verlo tan emocionado y asustado al mismo tiempo.

Pensaba que el bebé iba a salir resbalando con el jabón entre mis piernas.

En realidad se tomó dieciocho horas y media para salir.

Así que pasé a una fiebre y de allí cesárea de urgencia.

Mi hijo tenía fiebre también y lo llevaron a cuidados intensivos.

¿Por qué todo tenía que ser tan difícil?

Recordé cómo muchas mujeres decían:

El problema no es el embarazo, sino cuando lo tengas que criar.

Dios, pensaba, qué gran trabajo me espera.

Por eso cuento esta historia, porque es un gran trabajo el de madre.

Un trabajo que dura toda la vida.

Algunas se sentirán identificadas, otras no.

Y las que no tuvieron que pasar por algo así, ¡qué bien!

La tranquilidad en un embarazo es más que necesaria.

Las que no, puedo decir, entiendo cualquiera que fuera tu situación.

A muchas la dificultad se nos presenta de formas diferentes.

A los once días salgo de la clínica con mi hijo.

Mi príncipe azul, el amor más puro y verdadero que exista en el corazón de una mujer.

No se puede comparar con absolutamente nada en este mundo.

Pensaba en Dios, y lo inimaginable que debe ser su amor por todos y cada uno de nosotros.

Me sentía la mujer más feliz del mundo.

 Solo repetía lo feliz que era de poder tenerlo en mis brazos.

Y lloraba por tenerlo en mi casa después de haber rogado cada noche por su presencia.

Fue como si me robaran el corazón y lo detuvieran en la clínica cada vez que tenía que ir a casa.

En la clínica me sentaba a su lado de nueve a nueve, no importaba qué tan cansada estuviera.

Las enfermeras me repetían que tenía que descansar y que me fuera a casa.

No había insulto más grande que ese.

Sentía lástima por los muchos bebés que había en ese cuarto sin mamá al lado.

Aún no sabía cómo era posible mantener la calma sin estar al lado de tu hijo recién nacido.

Les preguntaba a las enfermeras por qué había tan pocas madres con sus hijos allí.

Me respondían que muchas tenían que trabajar, o cuidar a sus otros hijos.

Dios, qué fuertes tenemos que ser las mujeres.

Un hijo es parte de ti, como la energía que hace palpitar tu corazón.

Como la luz que ilumina tu alma.

Corrí con tanta suerte después de parir.

Una de nuestras instructoras se hacía cargo del *studio* y sus estudiantes.

Niña, te lo agradeceré eternamente.

Allí pude ver de nuevo la importancia del apoyo mutuo entre mujeres.

Tomó la responsabilidad por un mes, por tan solo doscientos dólares.

Yo no tenía cómo pagarle más.

Le debo mucho, la apreciaré toda la vida.

Una semana después de llegar a casa con mi hijo, regresé al trabajo.

No podía creer cómo mi negocio estaba tan lleno.

Nuevas caras, nuevas estudiantes, nuevas ideas, nuevas oportunidades.

Parecía como si la vida me pagara después de pasar la prueba.

Encontramos ayuda profesional y de allí en adelante todo empezó a mejorar.

Mi hijo estaba bien de salud.

Me sentía con ganas de vivir a plenitud después de haber pasado por esos meses tan duros.

No tenía más ansiedad.

Un año más tarde estoy escribiendo este libro.

Para recordarle a las mujeres, y las madres lo fuertes y valiosas que son.

A veces, antes de conocer el verdadero amor, se sufre mucho.

Pero después te das cuenta de que cada lágrima valió la

pena.

Porque finalmente estás lista para recibir el tan esperado

amor.

Ahora tal vez llores de felicidad, me pasa eso cuando miro

a mi hijo existir.

¿Por qué cambié cuando me casé?

Antes de casarme, no quería que mi pareja me viera fea ni un segundo.

Mis uñas, mis ropas, mis cabellos estaban impecables, o al menos hacía todo para así sentirme.

Compraba ropa para nuestras citas, hacía ejercicio a menudo y tenía mi espacio cuando quería.

Nos reíamos de todo.

Cualquier actividad era divertida, hasta el no hacer nada era lo máximo a su lado.

Las pequeñas peleas eran cortas y la reconciliación exquisita.

Lo que más me gustaba era cómo al estar con él, primeramente, estaba conmigo.

Yo era mi prioridad, mi tiempo, mi espacio, mi mente estaba al tanto de la realidad.

La felicidad del matrimonio era inexplicable, después de tener un anillo en mi dedo.

Enamorada, no veía la hora de estar a su lado para siempre.

Pero la vida nos enfrenta a circunstancias tan particulares, que solemos olvidarnos de nosotras.

Y por arte de magia empecé a desmejorar.

Al notar este cambio, me alarmé e hice lo posible por corregirlo.

Mi hermana me lo había comentado, mis amigas también.

No puse atención a sus consejos y seguí en mi realidad, ya que tanto me exigía.

Aunque mi esposo siempre ha sido un gran hombre, me acomodé un poco más de lo debido.

Y tenía que volver a trabajar en recuperar la magia de nuestra relación.

Ahora después de todo me tenía que esforzar un poco más de lo normal.

Tenía muchas más responsabilidades y un hijo por atender.

A causa del estrés y de las hormonas del embarazo, se creó en mi piel una dermatitis.

Era una mezcla entre eccema con acné y rosácea.

Al principio no le puse cuidado, pero con el tiempo se ponía peor.

Esto afectó mi estado emocional y mi seguridad, mirarme al espejo era horrible.

Prefería apagar la luz para ir al baño y me ponía de lado al lavarme las manos para no verme.

No quería que mi esposo me mirara, sus palabras me sorprendían.

Una noche me dijo que así, con mi piel roja y todo, él me iba a querer toda la vida.

Lo ame aún más, imposible no hacerlo.

Pero la verdad era que quería sentirme cómoda en mi propia piel y cuerpo.

Por mí y por mi relación con mi esposo.

Tomé la decisión, mi cuidado personal empezaba a mejorar a como diera lugar.

Busqué los mejores doctores.

Encontré tiempo en mis horarios para empezar el proceso.

Compré nuevas ropas, me arreglaba el cabello más a menudo.

Hacía ejercicio lo más que podía.

Y así poco a poco logré incorporarme de nuevo.

Todavía hay algunas cosas que trabajar, pero sigo en el proceso.

Encontré que por mucho que pasara en la vida, no podía cambiar después de mi matrimonio.

Y si había que cambiar, era para mejorar, no para decaer.

Cuando nos vemos esos kilitos de más, nos agobiamos sintiéndonos menos sexis.

Me encontré así en varias ocasiones de mi vida.

La primera vez en mi adolescencia, cuando comía sin parar por ansiedad.

La dueña de la escuela de danza me seguía repitiendo que parecía un barril con tetas.

Mi autoestima se afectó, pero tenía tantos motivos para estar estresada que no hice caso.

Igual aquello se quedó en mi inconsciente.

Entonces adelgacé, y con la danza y el ejercicio bajé muchas tallas.

La segunda vez que me sentí gorda fue después de dar a luz.

Y es que el cuerpo cambia, las hormonas se alborotan, los sentimientos se enredan.

El corazón se te expande, igual que tus caderas.

Sexy es la palabra más lejana en el diccionario de las mujeres.

Sentirme inconforme con mi cuerpo afectaba mi autoestima.

No había ropa que me hiciera sentir mejor.

Lo más curioso es que a los tres meses de dar a luz, no sabía cuánto había cambiado mi cuerpo.

Y me atreví a vestirme como solía hacer antes de tener un bebé.

No puedo creer que no me hubiera dado cuenta.

Vi las fotos y me sorprendí con la otra yo que había en mí.

Mi cuerpo no era el mismo.

Recalco en este libro lo importante que es la autoestima y el cuidado personal.

Un posparto puede ser muy difícil.

La presión estaba en mis hombros, era la dueña de mi propio *studio*.

Baile, ejercicio y tubo.

Y había sido la imagen perfecta para todo esto.

Pero desgraciadamente ya no lo era.

¿Qué podía hacer para volver a sentirme yo? Ahora que mi prioridad era mi hijo.

¿Cómo podía reencontrarme cuando mis hormonas y mi presente traían tantas nuevas pruebas?

No dormía, no comía igual, no tenía fuerzas para ejercitarme.

Sin entender qué podía hacer, decidí tomarlo con calma e ir paso a paso.

Debía aceptarme como la nueva mujer que era, pues ya era una madre.

La vida se percibe distinto y tiene otras prioridades, pero yo no podía ser la segunda opción.

Y sabía esto me iba a costar más de lo que me costaba antes.

Decidí ser mamá, primeramente, cuidar mis comidas y ser feliz.

Y poco a poco empecé a acercarme a las rutinas del ejercicio.

Comencé por hacer una hora a la semana.

Después dos, tres y ahora lo más que pueda.

¿Por qué? Porque lo merezco y quiero sentirme bien y segura de mí misma.

Porque es la mejor salida para poder *desestresarse*.

Y porque arrojo mis frustraciones cuando quemo calorías.

Porque me libero de lo que me sobra, y aliviano mis pasos en esta vida.

Porque ser yo es espléndido y fascinante.

Y no pretendo perderme a mí misma con la excusa de que ahora soy mamá.

Me tomó tiempo regresar a esa mentalidad, agobiada entre el trabajo y mi bebé.

Feliz de ser madre, pero con mucho en mis hombros.

La vida no se facilita, pero te haces más fuerte para poder llegar a dónde quieres.

Me voy sintiendo mejor conmigo, con mi cuerpo y con mi autoestima.

Inténtalo tú también, no por nadie más, sino por ti.

¿Ser sexy es un pecado?

Hay muchos tipos de mujeres.

Unas sexys, muchas que exageramos.

Unas que quieren serlo, otras que no saben cómo.

Unas que lo esquivan, otras que lo señalan.

Unas que lo rechazan, otras que lo juzgan.

Unas que les da miedo y huyen de ello.

Otras que lo son y no lo saben.

Muchas que no se sienten confiadas lo suficiente y no abrazan esta cualidad.

La sensualidad es una conexión con tu propia feminidad y no hay de qué avergonzarse.

Muchas estudiantes están en busca de ello.

Y se entrenan con las mejores profesoras divas de la feminidad.

La sensualidad debe ser utilizada como un arma secretamente íntima.

Nada es malo, nada es bueno.

Todo depende de cómo lo utilices.

Lo importante es la intención.

No actúes de manera sexy delante de quien no debes o no quieres.

La sensualidad no se fuerza, sólo se activa cuando es necesario.

Me siento sexy con mi pareja, con mi cuerpo, conmigo misma.

De hecho, nuestro *studio* se llama *Sexy Sassy Strong Fitness*.

Ofrecemos todo tipo de clase para acercarnos a todo tipo de mujer.

Hay mujeres que buscan su sensualidad con clases de tubo.

Suelen trabajar la parte superior del cuerpo.

Se sienten sexy cuando encuentran sutiles movimientos.

Se sienten libres en su flexibilidad mientras aprenden trucos que no habían imaginado.

Otras son sencillamente "sassy".

Disfrutan la danza mientras se divierten y sudan.

Purificadas en sus cuerpos despiertos y sudados.

Otras prefieren encontrar su fortaleza con la técnica de los ejercicios.

Son capaces de gozar el dolor placentero de la resistencia.

Visualizan su fortalecimiento físico con cada tipo de fitness.

Encontramos en todas unas cualidades increíbles cuando disfrutan ser mujer.

No hay excusa para no encontrar lo mejor de ti.

Existen infinitos tipos de mujeres.

Todas con diferentes *hobbies* y preferencias.

Nuestra razón de ser es procurar que en este lugar cada una

encuentre su felicidad

Esa es la magia de ser mujer.

El uso y el abuso

En uno de los grupos de salsa de Cali, encontré una bailarina muy especial.

Andrea.

Ella, alta, con un talento increíble, una verdadera escultura de mujer.

Muchos la admiraban c incluso la deseaban.

Sin embargo, un buen día dejó de asistir a sus *shows*.

Todos notamos su ausencia y durante meses la echamos de menos.

Un domingo caminaba yo por un centro comercial y vi una persona en una silla de ruedas.

Envuelta en vendas médicas que le cubrían la cara y el cuerpo.

Su silla de ruedas era empujada por una chica joven.

Pensé que la persona sufría de quemaduras.

Seguí de largo y súbitamente alguien pronuncia mi nombre en voz alta.

Miro alrededor y no veo nada.

Me doy cuenta de que me llama la chica que empuja a la persona en la silla de ruedas.

¡Oh, Dios! ¿Quién es?

Pregunté, aterrorizada.

A través de las vendas surgió la voz de una mujer.

Soy yo, Andrea, la bailarina.

Mi grito fue espontáneo:

¿Qué te pasó?

Su voz volvió a oírse a través de las vendas.

Me hice la *lipo*, me operé la nariz, las orejas, me saqué unas costillas y me puse senos.

Miro con atención y pregunto incrédula: ¿todo al mismo tiempo?

Al mismo tiempo, responde, y me duele todo, es terrible.

Me compadecí de su dolor y le deseé una pronta recuperación.

Te veré pronto.

Muchas gracias, amiga, me dará mucho gusto.

Andrea querida, me alegra que no fue algo peor.

Le tomé la mano fría y temblorosa.

Pensé que habías tenido un accidente o una quemadura.

Me despedí, con su silueta longilínea danzando en mi cabeza.

La verdad, fue muy fuerte verla así.

Andrea era casi perfecta y sus imperfecciones la hacían más única y bella.

Pasó el tiempo y todos en el grupo esperamos a que se recuperase para poderla visitar.

Pero recibimos un mensaje tajante del mafioso que había pagado sus cirugías.

Andrea no baila, no la llamen nunca más.

Andrea cambió su libertad por una belleza artificial, mucho menos bella que su don natural.

Andrea la bella, perseguía afuera una belleza que brillaba desde su interior.

Todos lo sabíamos excepto ella.

La recuerdo como un gran ejemplo.

Un ejemplo a no seguir.

Las mujeres olvidamos o tal vez nunca descubrimos lo que en realidad somos.

 Y por eso estamos dispuestas a vender o cambiar nuestro cuerpo y nuestro ser.

Aterrada por esta historia juré nunca aceptar algo a cambio de mi libertad.

Andrea fue otra víctima de la falta de autoestima, del machismo y la presión social.

No tengo nada en contra de la cirugía estética.

De hecho, es una buena opción muchas veces.

El problema surge cuando abusamos de ese recurso.

El recurso no es el problema, el problema es el uso, o el abuso que le damos.

¿Por qué te cuesta aceptarte?

La mujer carece de aceptación.

Aceptación para con lo que es y lo que tiene.

Es nuestra guerra cotidiana contra todas y nosotras mismas.

Nos debatimos entre nuestra falta de voluntad y nuestro miedo a envejecer.

Entre la fobia de engordar y la frustración de carecer de lo que le sobra a la otra.

Hay diferencia entre lo que te exiges, lo que quieres y lo que necesitas.

Hay veces que te exiges lo que no necesitas.

Hay veces que no necesitas lo que quieres.

Y otras que necesitas lo que no te exiges.

Antes de querer ser como otra, exígete ser tú.

Antes de querer algo, quiérete.

Antes de exigir algo, exígete.

Antes de necesitar algo, necesítate.

A veces tratamos de ser lo que no somos.

Y es allí donde nos acecha la infelicidad.

Lo que Dios te dio es el regalo más preciado de tu vida.

Si lo amas, lo aceptarás.

Si lo aceptas, lo comprenderás.

Si lo comprendes, lo perfeccionarás.

Si lo perfeccionas, habrás crecido tanto como puedas.

No te compares con el que está más arriba que tú.

La felicidad ajena es un misterio que uno solo puede
admirar o ignorar.

La perfección está en crecer hasta que logres el tamaño de
tu felicidad.

No es conformismo, el amor no es conformista.

Ámate, ama tu cara, tu cuerpo, tu ser, tu corazón, tu sonrisa.

Pero cuida tus intenciones.

La envidia y la mala vanidad nos acechan en cada esquina de la vida.

La cirugía estética puede mejorar algo que te molesta, pero no tienes que cambiarte toda.

La aceptación personal es algo increíblemente necesario.

Aceptación no quiere decir dejadez o descuido.

La aceptación y el descuido no son el cuerpo y la razón halando hacia direcciones opuestas.

Sólo estás en competencia contigo misma.

Si hoy fuiste mejor que la que fuiste ayer, habrás crecido.

A mi *studio* llegan chicas buscando lucir como los personajes más conocidos de la TV.

Si supieran que son mucho más que eso, y que sus atributos son únicos.

No busques ser como ella, o lucir como ella, busca ser la mejor versión de ti.

Los ejemplos te deben motivar, no te deben hacer sentir inferior.

La felicidad se encuentra en aceptar que eres única y diferente, y esa es tu belleza.

En estos tiempos las mujeres empezamos a parecernos a todas, buscando complacer la sociedad.

Todas igualitas falseando su perfección, creyendo que al dejar de ser ellas serán mejor.

No necesitas ser otra, debe bastarte con ser tú.

Cuídate, quiérete, ámate, ejercítate.

Tómate tu tiempo, disfruta ser mujer.

¡Qué bendición es serlo!

Del precio y el valor de una mujer

A mis 17 años mi vida eran la danza y la escuela.

Para muchos el arte era la peor opción.

Mi amiga Juana y yo compartíamos nuestros secretos.

Juana vivía cerca de mí, bailábamos en la compañía de danza de la escuela.

Me criticaban, se burlaban y me aconsejaban mejores vidas.

Mi cerebro, deliberadamente, no captaba sus palabras.

No aceptaba otra realidad que la que yo siempre quise.

Me oponía a una vida común.

A la mediocridad que me rodeaba.

La madre de mi amiga Juana le sugería tener un mejor trabajo pues ella también era artista.

Ser vendedora en una tienda o algo por el estilo, para hacer algo mejor por su vida.

Recuerdo haberla escuchado decir que esos comentarios eran un insulto para ella.

Lo que no sabía era que le esperaban otros más fuertes.

¿Por qué hacer algo que no nos haría feliz?

A tanta insistencia buscamos informes en los periódicos para encontrar algún trabajo.

El aviso decía:

Se buscan chicas jóvenes y carismáticas, sueldo alrededor de 500 mil pesos a la semana.

Eso era aproximadamente 250 dólares, y para ese entonces en mi país no estaba mal.

Procedió a llamar, apuntó la dirección y obtuvo la cita.

Buena suerte, le dije.

Creo que en realidad la necesitaba.

Lo que pasó después de este día fue algo que ninguna de las dos nos esperábamos.

Mi amiga Juana llega a entrevista, toca la puerta.

Abre una mujer, joven muy amigable y bella.

Y Juana comprende que este trabajo es algo particular.

Lo había escuchado antes en boca de otros, lo que no significa que sabía cuán bajo podía ser.

No percibe del todo lo que pasa, pues ve varios cuartos lujosos con cámaras.

Se da cuenta de que allí solo trabajan chicas.

Chicas que se conectan por la web con hombres que desean cumplir sus sueños eróticos.

Regresa a casa y le cuenta a su madre.

Iré contigo, a ver de qué se trata esto, le dice.

Al día siguiente van.

Su madre entra con ella, mira todo cautelosamente, saluda y sonríe.

Le presentan a la *manager*, la saluda muy amenamente.

Salen del lugar y su madre le dice:

Creo que no hay problema con esto, es una buena oportunidad para ti.

Que suerte tienes que tu madre te apoye, le dice la *manager* a Juana.

Así que mi amiga hace caso a su madre y acepta la propuesta.

La verdad no tenía idea de lo que le esperaba.

Al otro día empezó su nuevo trabajo.

La visten muy sexy, le ponen una peluca y le dan una sola orden:

Sonríe a la cámara y haz lo que el cliente te pide.

Horrorizada, temblorosa, se sienta al borde de la cama y mira fijo al lente.

No sabe lo que hace.

Tiene una idea de lo que debe hacer, pero está paralizada de miedo.

Pasó por mi casa cuando terminó su primer día de trabajo.

No hice un dólar, me dijo.

La *manager* me dijo que es normal, cosa de primerizas, adhiere.

Al otro día se prepara para salir de nuevo y ya en la puerta su madre le llama desde su cuarto.

¿Sí, madre?

¿Crees que con la plata que hagas allí, le puedas comprar una computadora a tu hermano menor?

De pronto, Juana se da cuenta hasta dónde su madre puede llegar.

Comprendió que los consejos de su madre la llevarían al abismo.

Juana jamás podría ser eso que la madre le sugería que fuera.

No todas las mujeres son putas, de la misma manera que no todas las putas son mujeres.

Juana tuvo la suerte de poderse salir antes de entrar.

Mi amiga me explica como sintió que el alma se le cayó al piso.

Su madre le había propuesto meterse a puta para poder mantenerla a ella y su familia.

De momento no pudo responder.

Se sentía empujada hacia el vacío, viendo la poca compasión de su madre.

¿Cómo era posible que viera en ella una puta en potencia?

Juana sabía que aquello no estaba bien, lo sabía.

Se quedó en *mute*.

Era como estar en una película y ver la escena en cámara lenta.

Pero Dios estaba con ella, lo podía sentir.

Juana siguió camino a su supuesto trabajo con una clara idea en su cabeza.

Abren la puerta y sin esperar a que la saluden dice desde la puerta:

Vine para avisar que no regresaré aquí.

Se dio media vuelta y empezó a caminar.

Mientras más se alejaba de ese lugar más en paz se sentía consigo misma.

Era como si su conciencia descansara, y su alma brillara.

Estaba más que segura que había tomado la mejor decisión.

Mi sexualidad me pertenece solo a mí, me repite mi amiga.

La puedo compartir con quien yo decida, pero nadie puede arrebatármela.

Mi sexualidad tiene valor, no precio.

Es mentira eso de que cada persona tiene su precio, cada persona tiene su valor.

Y en dependencia del valor que esa persona se dé, dejará o no que le pongan precio.

Así que tú y sólo tú decides qué hacer con tu sexualidad.

Procura darle el uso correcto, sabiendo que sin amor ni precaución podrías caer muy bajo.

Ella decidió que aquél no era su camino.

Lo sabía desde mucho tiempo atrás.

Su madre no dijo una palabra al respecto.

Nunca volvimos a hablar del tema.

Hasta hoy, que estás leyendo este libro.

Las cuentas del alma.

Tuve la bendición de haber nacido con una hermana melliza.

Hay mellizas que casi no se parecen físicamente, a menos que sean gemelas.

Mi hermana y yo nos parecimos mucho, sobre todo de chicas.

La única diferencia era que proyectábamos distintos niveles de seguridad.

Mi hermana quería ser astronauta.

Yo, reina de belleza.

Me fascinaban las pasarelas.

El tiempo despertó en nosotras el amor por el arte.

Pero no puedo olvidar cómo siendo tan pequeña, mi hermana soñaba tan grande.

Desafortunadamente, por ser mellizas, se nos comparaba una y otra vez.

Y esto nos trajo muchos problemas.

No obstante parecer idénticas, éramos muy diferentes en nuestra identidad.

Se nos vestía igual y a veces castigaban a la equivocada por culpa de nuestro parecido.

Ella era buena con el Inglés, yo era buena con las Matemáticas.

Caminábamos de la mano por un buen tiempo cuando éramos niñas.

Nuestra unión siempre fue algo super especial.

Me dolía lo que le dolía a ella, y me preocupaba su bienestar.

La defendía de muchas de las burlas que tan a menudo le hacían en la escuela o en el barrio.

Las niñas y los niños no paraban de molestarnos.

Éramos muy reconocidas no solo por ser mellizas, sino por nuestras capacidades artísticas.

Aparte de que hablábamos de nuestros sueños desbocadamente, sin miedo alguno.

Los apodos corrían de la A hasta la Z.

Pero hubo un detalle que casi acaba con nuestra relación.

A mi hermosa hermana le hicieron creer que era todo lo contrario a la palabra hermosa.

Los comentarios le llegaban siempre de sorpresa, las comparaciones eran inapropiadas.

Para ese entonces yo no estaba al tanto de qué tan perjudicial esto fuese para nosotras.

Se ganaba muchas pelas por su ingenuidad, y las mentiras que según ella la sacarían del lío.

Ella podía ser egoísta a veces.

Creo ahora que es por no haber tenido el suficiente apoyo moral y personal que un niño necesita.

Para ser honesta nuestras narices eran un poco más grandes de lo normal y por allí nos atacaban.

Estos comentarios nos caían de sorpresa en casa también.

Mi madre siempre dijo que quería hacernos una cirugía lo más pronto posible.

Mi hermana me confesó algo que nunca olvidaré:

"Mi peor día fue cuando me dijeron que querían cortarme la nariz con un machete".

Mi hermana nunca supo quién era ella, por eso trataba de agradar a los demás.

Mi hermana era una niña inteligente y capaz.

Solo que no lo sabía.

O le habían negado el derecho a saberlo.

Esa fue su gran carencia cuando pequeña:

Entendimiento, comprensión, amor y mucha paz.

Parecía ser que a casi nadie le agradaba su físico ni sus asombrosas cualidades.

Y quizás fue muy tarde cuando me di cuenta de lo que había pasado con ella.

Pues se había convertido en mi inconsciente enemiga.

Ni ella ni yo sabíamos por qué, después de nuestra adolescencia, nos separamos de tantas formas.

Estábamos juntas, pero de alguna manera separadas.

Me asalta uno de los recuerdos más violentos y amargos que viví con ella.

Éramos pequeñas y andábamos en un paseo de la escuela.

Un paseo por una cañada, con nuestras compañeras.

De pronto, las "amigas" la tomaron de las manos y los pies

para hacerla tragar agua de la cañada.

Yo me quedé paralizada de miedo, sin poder reaccionar.

Sintiéndome impotente por no poder ayudarla.

Y mi hermana seguía allí, pataleando, gritando, tratando de

no tragar agua.

Su fortaleza se debilitaba, su seguridad también.

Su rabia solo podía ir en contra de quien ella consideraba la

culpable.

Yo.

Esa tarde lloramos, cada una por su lado, como niñas

inconformes con su vida.

El amor como siempre pudo más, y no me alejó

completamente de ella.

Necesité años para comprender por qué ella actuaba

muchas veces en mi contra.

Y me di cuenta de que no siempre comprendí muchos de sus miedos.

¡Cuánto lo siento!

Con el tiempo, después de estar en EE. UU, mi hermana se vio libre de burlas y amenazas.

Ya no era juzgada ni criticada.

Desapareció la presión social que la empujaba a sentirse menos de lo que en realidad era.

A sus 22 años, mi hermana fue libre.

Libre para proyectar su gran belleza y sus tan hermosas cualidades.

Puedo decir que después de todo el daño, por supuesto que hay secuelas.

Pero esas secuelas están ahí solo para recordarnos que debemos perdonar sin olvidar.

Porque el que olvida su pasado se condena a revivirlo.

Una mañana, después de llegar de compras, la encontré en la casa.

Noté algo diferente en ella, de repente estaba más atractiva.

Podría decir preciosa.

Habíamos llegado a los EE. UU hacía un año, y ella se había liberado de los malos recuerdos.

Atrás habían quedado la violencia de mis padres.

Las burlas de los "amigos" y las críticas de los demás.

Definitivamente el medio había influenciado en su autoestima para bien.

Y a medida que pasaba el tiempo, el efecto era mayor.

Terminó por hacerse una cirugía correctora de nariz.

Acogió su nuevo look con entusiasmo, y eso le sirvió para olvidar para siempre sus temores.

Sus viejas pesadillas se convirtieron en un sueño nuevo,
ahora se sentía bella y libre.

Y comprendí que si una se siente bella, entonces ha logrado
ser bella.

Ahí radica el secreto de la belleza interior.

No solo en ser bella por dentro, sino en sentirse bella.

Si te sientes bella, ya eres bella.

Si no le das espacio en tu corazón a las malas energías,
ellas nunca podrán alcanzarte.

Si te abres a lo bueno e ignoras lo malo, lo bueno te
colmará y lo malo abandonarás.

Treinta años más tarde, mi hermana y yo estamos más
unidas que nunca.

Después de esta historia me gustaría invitarte a que tengas
más cuidado con tus palabras.

Con tus burlas y a veces con la expresión de tus puntos de vista.

No sabes qué tan importante pueda ser para alguien el que le aportes algo positivo o entusiasta.

En cuanto al *bulling*, puedo decir que los padres deben tomar conciencia también.

Enseñando a sus hijos a respetar y apreciar las amistades y las diferencias físicas y materiales.

Y en cuanto a ti, mujer, deseo invitarte a descubrir todo tu potencial y belleza única.

No te quedes dormida mucho tiempo, así evitarás que al despertar ya sea un poco tarde.

Con amor, este capítulo dedicado a mi hermosa, talentosa e inteligente hermana.

Quien pasó muchos años de su vida ignorando que es una mujer excepcional.

Cuando el amor te rescata

Después de pelear tanto contra las circunstancias, tuve la
suerte de encontrar el amor.

Conocí a quien sin ego me escuchaba, sin daño me trataba
y con su corazón me aceptaba.

Este hombre cambió mi vida por completo.

Permitiéndome descansar en sus hombros por la primera
vez desde que era una niña.

Me pasé la vida cubriéndome con una capa de hierro para
poder pelear mis batallas cotidianas.

Y me tomó casi un año ceder al amor.

Cuando finalmente lo comprendí, caí a sus pies como hoja
de árbol.

En ninguno de mis planes estuvo el casarme.

Ni siquiera en sueños me había visto vestida de novia.

La gente muchas veces me preguntaba y yo siempre daba respuestas evasivas.

Me parecía extraño cómo tantas chicas soñaban con ese momento.

Yo soñaba con llegar lejos en mi carrera artística.

Casarme me daba pavor, pocas veces vi que fuera una buena opción.

Sin embargo, la vida está llena de hombres magníficos que andan buscando mujeres buenas.

En el ambiente donde crecí, casarse era la más grande desgracia en la vida de una mujer.

Y lo más agobiante para un hombre.

Así que inconscientemente lo bloqueé y desistí de ello.

Alguna vez encontré un versículo sobre el amor.

Sonaba hermoso, de hecho, me daba tranquilidad, y decidí aplicarlo para poder amarme.

Hacía lo posible por amarme a como diera lugar, aunque
muchas veces lo hice mal.

A veces ni siquiera sabes cómo darte amor a ti mismo.

Imagínate como será poder dar amor a los demás.

Mi esposo no sabía por lo que yo pasaba, y eso lo hacía
más especial.

Era un buen hombre y actuaba sin miedo.

Me sorprendía su honestidad y su gran corazón.

Se preocupaba por mi bienestar emocional y me escuchaba.

Sentí el soporte de un amor que puede dejarte descansar
sobre su pecho.

Nunca había vivido algo así.

En mis sueños lo veía a mi lado, debajo de un gran árbol, la
luna llena frente a nosotros.

Y un anillo en mi dedo que me quedaba grande.

Este sueño se repitió, y cada que vez tenía un anillo extra en mi dedo.

Hasta que me pidió ser su esposa.

Tiempo después me habló de la idea de abrir mi propio negocio.

Con mucho miedo dije que no.

Insistió hasta que un día cedí.

Así que mi esposo y yo, con la ayuda de sus amigos, trabajamos en poner juntos el salón.

Sexy Sassy Strong.

Justo para que yo continuara construyendo mi futuro.

Mi futuro, que estaba a punto de tomar una curva inesperada.

Al apoyo de mi esposo se iba a sumar el de una persona clave en esta historia, y en mi vida.

Estaba en mi quinto mes de embarazo y como lo había dicho, mi madre había regresado.

Mi madre era otra.

Me ayudaba en todo, entró a mi vida de nuevo, pero con precaución.

Ella sabía que no era fácil regresar después de tan particular pasado.

Yo, aterrada, no cedía del todo.

Ella era cautelosa, pues temía que yo le echara en cara el pasado.

Yo lo había hecho antes, a mis 17, estando en Cali, mi ira había explotado en contra de ella.

Para sorpresa de ambas, todo parecía ser diferente ahora.

Me encontraba con una madre como la que deseé haber tenido antes.

No me juzgaba, y la idea de ser abuela la hizo acercarse más.

Empezó por alimentarme mejor, decía que quería un nieto sano y fuerte.

Luego me ayudaba a mantener mi negocio organizado.

Limpiaba mi casa, me aconsejaba y animaba con palabras dulces y sabias.

Nos cocinaba a mi esposo y a mí.

Fueron tantas las pelas que recibí en la cocina que le tengo pereza a ese lugar.

Hablé con mi hermana para ponerla al corriente.

No lo podíamos creer.

Teníamos a una madre de nuestro lado por primera vez en nuestras vidas.

Nos habíamos alejado de ella por varios años, y nos tomó un poco poder aceptarla de vuelta.

Fue muy intenso reunirnos las tres en Miami.

Hoy me alegro de que haya regresado.

Cedí al perdón, aunque recordar aún duele.

Me he entregado al amor y ya son tres los amores nuevos
en mi vida.

Mi hijo, mi esposo y mi madre.

No entendía cuál era el plan de Dios.

Pero sucedió en el momento exacto, cuando más la
necesitaba y menos la esperaba.

Somos amigas, aún con algunas diferencias.

Pero ahora mi presente conlleva una buena madre.

Antes del cierre

Te preguntarás qué pasó con mi padre.

Mi padre vive en Colombia en una pieza rentada tratando de sobrevivir.

Lo ayudamos de alguna manera y lo perdonamos completamente.

Como siempre, sigue siendo muy religioso y la Biblia es su salvación.

Me alegra que tenga fe, Dios es un dios de amor y perdón.

No lo odio, de hecho nunca lo hice.

Deseo el bien para él, hoy y siempre.

Mis dos hermanos menores, son ahora profesionales y grandes personas.

Fuertes y sanos con hermosas familias, y lo mejor de todo grandes corazones.

Gracias a la vida por permitirme terminar este libro con una

gran y hermosa moraleja.

Nacemos para aprender bajo diferentes circunstancias

donde solo el amor nos puede salvar.

Epílogo

Espero que entiendas que mi libro y mi historia no están aquí para complacer el odio o el rencor.

Este libro está más allá de eso.

Mis ejemplos han sido escritos para animarte a tomar mejores decisiones.

Mejores decisiones acerca de tu cuerpo, tu vida y tu mente.

Para que entiendas que solo el perdón y la unión pueden llevarte por caminos más livianos.

Caminos en donde puedes aprender y vivir con un mejor propósito.

Las oportunidades no siempre llegan, se buscan.

¿Por qué no buscas unas mejores para ti?

También he querido que entiendas que todo forma parte del aprendizaje.

Las equivocaciones y los aciertos.

Quien se equivoca y quien hace todo lo posible por no hacerlo.

Las situaciones que acontecen en tu vida te moldean, te enseñan, te fortalecen.

Enseña el bien a aquellos que amas.

Sería grandioso si nos amaras a todos.

Aquellos que te hirieron no pasan de ser un examen que la vida te puso para darte una lección.

Exige respeto para ti, y da el ejemplo respetando a todos.

Quizá en algunas de estas historias hayas sido tu quien ofendió o lastimó inconscientemente.

Y está bien, todos nos equivocamos.

Yo también me equivoqué ofendiendo y rasguñando corazones.

Estoy más que segura que a alguien lastimé.

A mis treinta años solo sé que tengo un infinito aprendizaje por delante.

Y que existimos con un gran y hermoso propósito, así sea difícil de entender o ver.

Todos cumplimos un papel muy importante en la vida de los demás.

El amigo o enemigo, el hermano o el padre.

El primo o el desconocido, el vecino o el que momentáneamente cruza tu camino.

La música, las artes, la educación, el amor, las buenas intenciones encarnan la maravilla de Dios.

Eres capaz de comprender más de lo que crees.

Sentir más de lo que sientes, escuchar más de lo que oyes y ver más de lo que ves.

Abre tu corazón, que, aunque herido por las bombas de la vida, hoy está más fuerte que antes.

Mujer, no te cierres al amor propio, no te olvides de ti.

Pues en ti está Dios, tu padre, tu guía, tu razón.

A manera de despedida.

En el presente me encuentro dirigiendo mi propio *studio* de danza y *fitness*.

Doy a los demás lo mejor que supieron enseñarme mis maestros.

Hago un homenaje a cada uno de los profesores que implantaron en mí una misión maravillosa.

Esos que se encargaron de inculcarme el amor por el arte y por mí misma.

Con orgullo paso lo que con brillantez me pasaron, para alegrar corazones y motivar mujeres.

Y es que en mi *studio* enseñamos a las mujeres a cuidarse mientras la pasan bien.

Esquivando el dolor de una sentadilla con una canción a fondo y un movimiento rítmico.

Tengo la oportunidad de escuchar a muchas y seguir aprendiendo de todas.

Sexy sassy strong siempre promoverá el cuidado físico y personal.

Siempre buscaremos conectarnos con las diferentes personalidades y estilos de la mujer.

Ejercicio, baile y tubo.

Tres ramas del arte donde todas encuentran una conexión única y motivación personal.

Mujeres modernas, jóvenes, madres, empresarias, artistas, esposas, amas de casa y estudiantes.

Esta oportunidad se me presentó a los 28 años, mi esposo siempre me motivó.

La primera vez que escuché su idea me dio risa y después pánico.

Primero porque no era mi idea tener mi propio *studio*.

Segundo porque era una responsabilidad gigante que exigiría mucho de mí.

Mi esposo me pasó este lugar como el más grande tesoro.

Para que yo cuidara y creciera mientras caminaba al lado de él y de todas ustedes.

El susto era inmenso, la presión y la responsabilidad me hacían dudar a veces de mis cualidades.

Y aquí llevamos ya tres años.

Clientas felices, clases hermosas, un libro en mano, un hijo, un hogar precioso.

He podido crecer y aprender tanto de mi pasado como de mi presente.

Rodeada de buenas personas, con energías positivas y dispuestas a compartir conmigo.

Así el camino se aligera y la vida te lleva a lugares donde yace la maravilla del amor.

No hay que escuchar a los que les duele tu éxito.

Hay mucha gente que no te perdonará el éxito ni la
felicidad

Personas que harán todo por negarte el reconocimiento de
tus capacidades.

Continúa creciendo, los que llegan alto no siempre lo han
logrado haciendo cosas bajas.

Haz lo debido para mejorar mientras escalas muy alto.

Debo confesarte que, de chica, después de cada
acontecimiento importante en mi vida pensaba:

Un día llegaré a compartir esta historia con muchas
personas.

Y cuando mi esposo me pidió escribir este libro, recordé
que siempre soñé con la idea.

Todo lo que piensas lo atraes.

Y mejor cuando lo que deseas es positivo y te da razones para ayudar y crecer.

Reitero mi gratitud a todas las personas que han sido parte de este hermoso camino.

Y bendigo a cada una de ustedes con un último consejo.

No tengas miedo de ser sexy, atrevida y fuerte.

Sexy, sassy and strong.